質問に答えるだけで完成する

穴埋め式

遺言書

かんたん作成術

行政書士
竹内 豊

日本実業出版社

はじめに

自筆遺言書のすすめ
──遺言書を残すと「よいこと」が起こる

　遺言書を残す、残さないは、もちろん本人の自由です。ただし、遺言書を残した人には次のような「よいこと」が起こります。

①死後でも自分の意思を実現することができます
　遺言書を書いておけば、死んだあとでも財産を自分の「思う人」に好きなように残すことができます。「思う人」には、法律が定めた相続人はもちろん相続人以外の親族、友人、恩人なども含まれます。また、賛同する事業を行っている団体・学校、お世話になった病院や施設などへ遺産を寄付することで、死後に自分の夢や希望を託したり恩返しをしたりすることもできます。さらに、遺言書を残しておけば、死後についてあれこれ思い煩う必要がなくなり、気分爽快に日々を過ごすことができます。

②自分だけでなく相続人にもよいことが起こります
　ほとんどの相続争いは、相続人の間で遺産分けの話合いをする「遺産分割協議」がうまくまとまらないために起こっています。
　亡くなった人が遺言書を残していれば遺産分割協議をする必要がなくなるので、相続争いが起こる可能性が低くなります。
　さらに、遺言書がない場合と比べて、銀行の相続預貯金の払戻しの手続きや、不動産の相続登記などの相続手続きを格段に楽に、早く終わらせることができます。相続争いが起こる心配がない人でも、「家族に相続手続きの負担を軽くしてあげたい」という思いで遺言書を残す人もいます。

③社会的にも求められています

　いま、全国で空き家が社会問題になっています。空き家は、住宅の老朽化はもとより、地震や雪などによる損壊・倒壊、不審者の侵入や放火、ゴミの不法投棄などの原因になります。また、樹木・雑草の繁茂、害虫の発生や野良猫などの集中、地域の景観への悪影響など、近隣住民にとっては大迷惑になります。

　空き家が発生する原因の一つが相続です。相続人で行う遺産分割協議が整わないと、「とりあえず法定相続分で相続しておこう」と安易に不動産を「共有」にしてしまうことがあります。しかし共有にしてしまうと、所有者全員の合意がないと建物の取り壊しや不動産の売却等の処分行為ができなくなってしまいます。その後、時間が経過して共有者が亡くなると、その人の相続人が新たに加わってきて雪だるま式に所有者が増えていきます。そうこうするうちに、相続人の中に所在がわからない人が出てくると「所有者不明土地」となり、誰かが処分したくても処分できなくなって、問題を抱えた空き家となってしまうのです。

　そこで国は、所有者不明土地の発生を防止するため、2024（令和6）年4月1日から相続登記を義務化しました。もし、正当な理由がなく義務に違反した場合は10万円以下の過料（罰金）の適用対象となります。

　遺言書で不動産の承継者を指定しておけば、その不動産は死後に指定した人の所有財産となり、その人だけの考えで住んだり、または売却したり貸したりと自由に活用でき、所有者不明土地といった“問題物件”となる危険性は避けられます。

　また、相続財産が円滑に相続人等に引き継がれれば、承継者が遺産を自由に消費・活用できるので経済全体の活性化にもつながります。

④国も遺言書の普及をあと押ししています

このように、遺言書を残せば、自分や相続人だけではなく社会にとってもよいことが起こります。国も遺言書がある相続のメリットに着目して民法を改正して自筆証書遺言を残しやすくしました（全文自書の一部免除・2019〈平成31〉年1月施行）。さらに、自筆証書遺言の弱点である遺言書の紛失・逸失・毀損・汚損・改ざんを回避するために、法務局が遺言書を保管できる制度を新設しました（遺言書保管法・2020（令和2）年7月施行）。

ただし、よいことが起こるのは「きちんとした」遺言書を残した場合に限ります。反対に、きちんとしていない遺言書を残すと、遺言書の有効・無効や解釈を巡る争いが起こり、相続手続きが思うように進まず相続人等に迷惑をかけることになってしまいます。トラブルになる一番の原因は、相続と遺言についての知識不足です。

そこで、まず第1章では遺言書を書く前に知っておきたい知識をまとめました。「遺言や相続は知っているよ」という人も「確認」と思って読んでください。自分では気づいていなかった「書くべきこと」が見つかるかもしれません。

また、知識を得て、いざ「遺言書を書こう！」と思っても筆が止まってしまうのではないでしょうか。ほとんどの人は遺言書を書いた経験がないのですから当然のことです。

そこで、第2章では、私が行政書士として20余年の実務経験から厳選した「［穴埋め式］遺言書テンプレート」をたくさんご用意しました。ご自身に関係のあるテンプレートを選んで、穴埋めをして文章を完成させ、切り貼りをすればあなたの遺言書がかんたんに完成します。

せっかく遺言書ができても内容が実現されなくては何の意味もあ

りません。当然ですが、遺言書に書いた内容が実現するのは、遺言書を書いた人が死亡してからです。書き残した遺言書が死後に発見されず遺産分割協議が行われてしまったり、遺言書が誰かに破棄されてしまったら、遺言の内容が実現されないことになります。また、相続発生時に遺言書で財産を受け取るはずの人がすでに死亡していて、遺族が対応に苦慮することもあります。

　これらのことが起こる原因は、遺言書を残してから遺言者が死亡するまでの間の遺言書の管理方法にあります。そこで、第3章では、遺言書を残したあとのフォロー方法について書きました。

　最後に設けた「付録」では、私がこれまでに受けたご依頼内容をもとに、多くの人の役に立ちそうな遺言書実例を10ケースご紹介しました。どのような人が、どのような思いを遺言書に託したのかがおわかりいただけます。ご自身が遺言書を書くときの参考になるでしょう。

　私は、2001年に「遺言の普及と速やかな相続手続の実現」をコンセプトに行政書士事務所を開業しました。20年余り業務に携わるなかで得たさまざまなノウハウを本書にまとめています。本書をきっかけに遺言書に興味を持ち、ひいては遺言書を残す方が1人でも増え、遺言者はもとより、相続人や社会に「よいこと」が起これば、著者としてこれ以上の喜びはありません。

　2024年3月　　　　　　　　　　　　　　竹内　豊

質問に答えるだけで完成する

［穴埋め式］遺言書かんたん作成術
もくじ

はじめに

自筆遺言書のすすめ──遺言書を残すと「よいこと」が起こる

第 **1** 章
遺言書を書く前に知っておきたいこと

第 2 章
[穴埋め式]自分で遺言書を書いてみよう

人についてのQuestion

財産についてのQuestion

第3章
遺言書の保管・変更の仕方

【付録】 ストーリー付 願いをかなえる遺言書・実例10

おわりに
人生は死後の整理が終わって完結する
──遺言書が普及しにくい「2つの壁」を［穴埋め式］で打ち破る

カバーデザイン／井上新八
本文デザイン・DTP／マーリンクレイン

第 **1** 章

遺言書を書く前に
知っておきたいこと

本章では、遺言書を書くのに必要な遺言・相続の知識に
ついてまとめました。いずれも「きちんとした遺言書」
を残すには必須のものばかりです。
すでにご存知なものもあるかもしれませんが、なかには
意外なことや誤解していたこともあるかもしれませんの
で、しっかり学びましょう。

遺言書がない相続は 遺産分割協議でモメやすい

遺産分割協議は相続人の全員参加・全員合意が鉄則

　遺言書がない場合、亡くなった人（「被相続人」）の遺産分け（「遺産分割」）をするには、相続人全員で話合いを成立させることが必要です。そして、この話合いのことを「遺産分割協議」といいます。被相続人の権利義務を引き継ぐ権利のある人を「相続人」といいます（28ページ参照）。

　遺産分割協議を成立させるには相続人が全員参加して、なおかつ、その全員が遺産分割の内容に合意することが必要です。すんなり遺産分割協議が成立すればよいのですが、次のような場合は、遺産分割協議の成立が難しくなります。

「全員参加」を難しくする相続人がいるとモメる

　相続人全員が遺産分割協議に自発的に参加してくれればよいのですが、相続人の中に次のような人がいると全員参加が難しくなります。

相続人同士が話し合いにくい関係にある

　繰返しになりますが、遺産を引き継ぐには相続人全員で協議をして、相続人全員が合意しなければなりません。話し合う内容はお金に関わることですから、メールやオンラインでササッと片付けるというわけにはいきません。そうなると、「相続人の中に遠距離の人が

いる」「しばらく会っていない」「相続の話合いではじめて会う」など、話合いがしにくい関係にあると、意思の疎通がうまくいかずモメやすくなります。

非協力的な相続人がいる

遺産分割協議を成立させるには、相続人全員で何度も話合いの機会を設けたり、相続人全員が遺産分割協議書をはじめ、いくつもの書類に署名押印をしたり、印鑑登録証明書などの書類を提出しなければなりません。

また、協議が成立したあとも相続預貯金の払戻しなどの手続きで金融機関ごとに何枚もの書類に署名押印しなくてはなりません。

そのため相続人の中に、「好きなようにしてください」「忙しいので当分できません」といった感じで非協力的な人がいると、遺産分割協議はもとより相続手続きが進みません。手続きが進まないと、相続人の間で不満が噴出してモメやすくなります。

話合いができない相続人がいる

遺産分割協議は相続人全員の話合いによる合意で成立します。ということは、認知症や知的障害、精神障害等が原因で、相手の話を理解できず、自分の意思を表すことが困難な人（判断能力が十分ではない人）がいると、協議すること自体が難しくなります。

判断能力が十分でない人がいると、その人を保護するために成年後見人を選任して、その人に代わって成年後見人が遺産分割協議に参加します。

成年後見人を選任するには家庭裁判所に成年後見の申立てをする必要があります。その分、協議成立までに長期の時間を要します。前述の「非協力的な相続人がいる」場合と同様、遺産分割が長引けば長引くほど、モメる可能性は高くなります。

また、何年も音信不通で生死もわからない行方不明の人がいる

と、その人の所在を調査することから始めなくてはなりません。

✎ 「全員合意」が難しい相続関係だとモメる

　相続人全員が遺産分割協議に参加しても、相続人同士の関係が以下のような場合は全員合意が難しくなります。遺産分割協議は多数決で決めることはできないので、相続人が10人いたら10人全員が遺産分けの内容に賛成しなければならないのです。そこが遺産分割協議の難しさです。

相続関係が複雑

　相続人同士が遺産分割協議の席で、はじめて顔を合わすといったこともあります。たとえば、被相続人が離婚・再婚をしていて、前婚のときにもうけた子どもと、再婚後の妻、その妻との間にもうけた子どもが相続人になるといったケースです。このように相続関係が複雑だと、お互いに思うところがあって話合いが難航することも珍しくありません。

相続人同士で格差がある

　遺産分割は金（相続財産）と血（血縁）が絡みます。お金があれば好きなこともできるし、「少しでも多くもらいたい」というのが心情でしょう。また、血が絡むと感情的になりがちです。

　たとえば、「兄は好きなものを何でも買い与えられていたのに俺は兄のお古で我慢させられていた」「妹は大学を出たあとに留学までさせてもらったのに自分は高校を出てすぐ働いて…」といった具合に、愛情や教育における費用の格差を「親の相続で取り返してやる！」といった「江戸の敵を長崎で討つ」ような遺産分割が実際に起こりがちです。

　金と血が絡む遺産分割で、相続人の仲がそもそも良好な関係でなければモメる危険性が高くなるのは当然でしょう。

出しゃばりな"外野"がいる

　遺産分割協議の当事者は、当然ですが相続人です。しかし、相続人の配偶者、相続人と親しい人などのいわゆる「外野」が"相続人の応援団"として遺産分割に口をはさんでくることがあります。助言程度ならよいのですが、当事者が協議内容に納得しているのに「こうしたほうがいい」「こうすべきだ」といった「指示」までエスカレートして協議が紛糾してしまうことがあります。

遺産分割協議をするまでの準備も大変

　遺言書がない場合に行う遺産分割協議の手順を見てみましょう。相続人の中に「全員参加」を困難にする人がおらず、相続人同士が「全員合意」を困難にする関係性ではなくても、面倒な相続手続きが相続人を待ち構えています。

　遺産分割協議をするには、まず、「誰が相続人なのか」（「相続人の範囲」）と、「どんな相続財産があって、どの程度の評価なのか」（「相続財産の範囲と評価」）を確定させなければなりません。これを確定することを「遺産分割の前提条件」といいます。遺産分割の前提条件を確定しないと遺産分割はできません。話合いをする相続人と分け合う財産が確定しなければ、協議のしようもないので、ある意味当然のことです。

　相続人の範囲を確定するには、相続人を「戸籍」で証明しなければなりません。そのためには、「被相続人の出生から死亡まで」と、「相続人全員」の戸籍謄本を本籍地の役所に請求して取り寄せる必要があります。すべての戸籍を集めるには、順調にいっても1か月程度を要します。

　「相続財産の範囲と評価」を確定するには、不動産については法務局に登記簿謄本などを、役所に固定資産税評価証明書や名寄帳などを請求します。金融資産は各金融機関に残高証明書などを請求します。その他、資産価値がありそうな宝飾品、美術品などがあれば

専門家に評価を依頼します。これらの一連の調査を行って評価を確定します。

　多くの場合、相続人の範囲と相続財産の範囲と評価の調査は、相続人の中の１人（相続人代表者）が行うので、相続人代表者の負担は相当重くなります。

　調査の結果、「相続人の範囲」と「相続財産の範囲と評価」が確定して、やっと遺産分割協議を行うことができます。

 ## 相続手続きもいろいろと大変

　無事に遺産分割協議が行われ、成立したら、その合意内容を書面にします。この書面を「遺産分割協議書」といいます。遺産分割協議書に相続人全員が署名して実印で押印し、印鑑登録証明書を提出して、やっと遺産分割協議が成立となります。

　最後に、遺産分割協議書の内容に基づいて金融機関に対して相続財産の払戻手続きを行ったり、法務局に相続登記を行ったりしてようやく相続人は遺産を引き継ぐことができます。

 ## 遺産分割は自由だからこそ難しい

　遺産分割は相続人全員の合意があれば、法定相続分（28ページ参照）や遺言書の内容と異なる分け方をしてもかまいません。つまり、相続人全員の合意さえあれば自由に遺産分割をすることができるのです（「遺産分割自由の原則」）。法律や遺言者の意思よりも協議が優先されるということです。

　しかし、「好きなようにしていいですよ」と言われると、どうしたらよいのかわからなくなるものです。遺産分割を成立させるのは自由だからこそ難しいといえるでしょう。

1-2

遺言書がある相続はすみやかに思うように財産を引き渡せる

 遺言書は最後の意思を実現してくれる法律文書

前項では遺言書がなくて遺産分割協議が行われる相続について見てきました。ここでは、遺言書がある相続について説明します。

遺言は、遺言書を残した人（「**遺言者**」）の最後の意思表示を、遺言者の死後に効果を生じさせる制度です。人は生きている間は一定の制限があるものの自由が尊重されますが（「**私的自治の原則**」）、遺言は、この自由を人の死亡後まで及ぼす効果があります。遺言の制度に則って作成された文書を「**遺言書**」といいます。

つまり、遺言書は亡くなった遺言者の代わりにその最後の意思を実現してくれる法律文書なのです。遺言書を残せば、遺産分割協議をせずに遺言書の内容のとおりに、すみやかに遺産を引き継がせることができます。自分がこの世からいなくなっても、自分の意思を実現することができるのです。

 きちんとした遺言書を残せばモメない

遺言書を残せば遺産分割協議をしないで済むのでモメようがありません。遺言書に「**遺言執行者**」（遺言の内容を実現してくれる人）を書いておけば、遺言書の内容を実現する手続き（「**遺言執行**」）を相続人の承諾を得ずに遺言執行者が１人で行うことができます。

ただし、きちんとした遺言書を残した場合に限ります。きちんとした遺言書とはどういうものか、次項からくわしく説明しますが、

遺言書がない相続とある相続の違い

遺言書がない相続	遺言書がある相続

遺産分割の前提条件
「相続人の範囲」「相続財産の範囲と評価」を調査して確定する

遺言執行
遺言執行者が1人（単独）で遺言の内容を実現する手続きを金融機関や法務局に対して行う

▽

遺産分割協議
相続人全員が参加

▽

遺産分割協議の内容に相続人全員が合意

▽

「遺産分割協議書」に相続人全員が署名・押印（実印）して「印鑑証明書」を提出する

▽

金融機関や法務局に相続財産の払戻しや不動産の相続登記を行う

▽

被相続人の遺産の引継ぎが完了

ひとまず、遺言書がない相続とある相続を比較したフローチャートで頭の中を整理してみてください（上図参照）。

ここがポイント！

遺言書がない相続はモメやすくて、手続きも面倒。一方、遺言書がある相続はモメにくく、すみやかに思いどおりに財産を引き渡すことができる。ただし、「きちんとした遺言書」を残すことが大前提！

1-3

遺産分割協議が成立しない 場合はどうなってしまう？

 遺産が「共有」のままになってしまう

　相続は人の死亡が原因となって開始します。実際の相続の流れは、死亡→死亡届→葬儀→遺産分割協議→相続手続き（相続登記・相続預貯金の払戻手続きなど）といった過程を経て、遺産が相続人の個人財産になっていきます。

　しかし法律では、人が死亡すれば被相続人の相続財産が相続人に移転して相続人全員による遺産の「共有」が始まります（26ページ参照）。相続人が被相続人の死亡の事実や、死亡届の提出の有無を知っているかどうかにかかわらず、相続は開始するのです。

　被相続人の相続財産が被相続人の死亡の瞬間に相続人全員の共有となるのは、被相続人の相続財産が一瞬たりとも誰のものでもない状態（「財産の無主物化」）を回避するためです。

　そのため、遺産分割協議が成立しないと相続財産は共有のままで、たとえば不動産は売却等が難しくなるので空き家となってしまう可能性が高くなります。

 預貯金が「凍結」されたままになる

　銀行は、預金者が死亡した情報を入手すると、ただちに銀行のシステムに死亡の登録を行います。その結果、被相続人の口座での支払いや振込等がいっさいできなくなるといった、いわゆる「預金口座の凍結」が始まります。

銀行が預金口座を凍結するおもな目的は、相続開始によって共有財産となった金融資産を保全・確保することにあります。特定の相続人が被相続人の印鑑やキャッシュカードを使って預貯金等を払い戻すなど、金融資産の無制限の変動を防ぎます。

 遺産分割前の払戻し制度

口座が凍結されると、生活費や葬儀費用の支払い、相続債務の返済などお金が必要な場合でも、遺産分割が終わるまで被相続人の預貯金が使えなくなってしまいます。そうなると、亡夫の財産で暮らしていた妻のような、被相続人の財産で生活していた相続人は困ってしまいます。そこで、法律では遺産分割前でも一定の金額であれば、相続人が単独で相続預貯金を払戻しできる制度（「**遺産分割前の払戻し制度**」）を設けています。

なお、単独で払戻しができる額は、次の計算式で求められます。

> 単独で払戻しをすることができる額
>
> ＝（相続開始時の預貯金債権の額）×（3分の1）×（当該払戻しを求める相続人の法定相続分）

たとえば、相続人が妻、長男、次男の3名で、相続開始時の預金額が1口座の普通預金600万円であった場合、妻が単独で払戻しができる額は、600万円×1／3×1／2＝100万円となります。

ただし、同一の金融機関（同一の金融機関の複数の支店に相続預金がある場合はその全支店）からの払戻しは150万円が上限です。

 相続税の申告で特例を利用できない

相続税の申告と納税は、被相続人が死亡したことを知った日（通常は被相続人の死亡の日）の翌日から10か月以内に、被相続人の住所地を所轄する税務署で行います。たとえば、1月9日に死亡した

場合には、その年の11月9日が申告期限になります。

　相続税の申告は、遺産分割が済んでいない場合でも申告期限が延びることはなく、上記期限までに行わなければなりません。

　そのため、遺産分割協議が終わっていないときは、各相続人などが法律で定められた相続分または包括遺贈の割合に従って財産を取得したものとして相続税の計算をし、申告と納税を行います。その際、小規模宅地等についての相続税の課税価格の計算の特例や、配偶者の税額の軽減の特例などの相続税を軽減できる特例が適用できない申告になってしまいます。

弁護士費用がかさむうえ親族は分裂

　相続人当事者間でモメて協議続行が困難になってしまったら、法律専門職を代理人として協議を続行するという手段があります。

　紛争状態になったら、法律専門職の中で弁護士しか関与できません。当然ながら、費用はそれなりにかかるでしょう。また、知合いの弁護士によると、一般に相続でモメると解決までに年単位を要し、解決しても相続人同士の関係は分断されてしまうようです。

　遺産分割協議が成立しなければ遺産の承継ができず、空き家問題を引き起こしたり金融資産が凍結されたりします。また、前述のように相続税の特例が利用できず相続税を軽減できなかったり、弁護士費用がかかったり、何年も相続人同士で争ったあげく親族間が分断されるなど何一ついいことはありません。

　自分の相続で相続人たちを想像したときに、遺産分割協議が成立するのが困難なようなら、遺言書を残しておくべきでしょう。

> **ここがポイント！**
>
> 遺産分割協議が成立しないと様々な不都合が生じる。遺産分割協議の成立が困難なようなら遺言書を残しておくほうがよい。

遺産分割の際に
大切なのは思いやり

　これまで説明してきたように、遺産分割協議は些細なことで決裂してしまう危うさがつねに付きまとっています。

　そこで、法律では相続人に対して遺産分割を円満に行うために「このようなことを頭に入れて遺産分けを行いましょう」といった次の指針を規定しています。

民法906条（遺産分割の基準）

遺産の分割は、遺産に属する物又は権利の種類及び性質、各相続人の年齢、職業、心身の状態及び生活の状況その他一切の事情を考慮してこれをする。

　平たくいえば、「相続人のおかれた状況など諸事情を考慮して、遺産分割を行いましょう」ということです。つまり、思いやりを持って遺産分けをしなさいということです。

　たとえば、年齢が幼すぎたり高齢だったり、病気や障害で生活が困難な相続人への配慮、被相続人と同居していた相続人の住居の確保、被相続人とともに事業をしていた相続人が事業を継続できるようにする配慮などが考えられます。

　遺産分割はそもそも、相続人同士が上記のような事情や家族関係に配慮しながら、話合いによる解決を優先する制度です。ご自身の

ケースで、それぞれの相続人の事情を配慮する精神で遺産分割の問題を解決できないようなら、最初から遺産分割協議をせずに相続財産を引き継がせることができるように遺言書を残しておくべきでしょう。

　なお、残念ながら遺産分割協議が当事者同士の協議で合意に至らない場合は、家庭裁判所の調停および審判によって決められることになります。

ここがポイント！

遺産分割で大切なのは思いやりの精神。自分の相続で相続人同士の思いやりのある遺産分けが期待できないようなら、遺言書を残すこと。

相続放棄をしたい場合は
どうすればよい？

 人が死亡すると相続財産の共有が始まる

　人が死亡するとその瞬間に相続が開始して、相続人による相続財産の「**共有**」が始まります。共有とは、数人に持ち分（共同所有の割合）があって一つの状態を共同所有する場合で、かつ、各自の持ち分がはっきりしているものをいいます。

　法律上は相続人は有無を言わさず被相続人の相続財産を共有することになります。死者の財産が「誰のものでもない」という状態になって、社会的・経済的に混乱することを避けるためです。

　しかし、相続人の中には何らかの理由で「死んだ親の財産はいらない」と、相続財産を引き継ぐことを拒否する人もいるでしょう。また、相続財産はプラスの財産だけとは限りません。被相続人がプラスの財産を上回るマイナスの財産（借金など）を残して亡くなって、たまたま相続人だからという理由で負債を引き継がなくてはならない気の毒な人もいるでしょう。そこで、相続財産を引き継ぎたくない人は、「**相続放棄**」することもできます。

 相続放棄手続きの期限

　相続放棄を希望する相続人は、被相続人が死亡して自分が法律上相続人となった事実を知ったときから3か月以内に家庭裁判所に相続放棄の申立てを行わなければなりません。注意したいのは、相続放棄の申立期限は「被相続人が死亡したときから」ではなく、自分

のために相続が開始したことを知ったときから3か月以内です。

　相続放棄をすると、その相続に関して、はじめから相続人にならなかったものとして扱われます。「はじめから相続人にならなかった」のですから、もし、被相続人が生前に借金をしていた相手（債権者）から、「あなたの法定相続分だけ被相続人の借金を支払え」といった督促状が届いても支払う義務はありません。具体的には、家庭裁判所から発行された相続放棄が受理された証明書（「**相続放棄申述受理証明書**」）を債権者に提示すれば足ります。

　なお前述のとおり、相続放棄をすれば「はじめから相続人にならなかった」とみなされるため、「**代襲相続**」（29ページ参照）も発生しません。したがって、親の相続を放棄した子に代わって、放棄した子の子（＝被相続人の孫）が相続人になることもありません。

形見分けで相続放棄ができなくなることも

　相続財産の全部または一部を引き継いだ相続人は、「**単純承認**」をしたとみなされます。単純承認とは、相続財産を負債も含めて全面的に引き継ぐことをいいます。

　その結果、単純承認をした相続人は、無限に被相続人の権利義務を承継します。つまり、単純承認をしたとみなされると、相続放棄ができなくなるおそれがあります。

　たとえば、高額な遺品を形見分けとして譲り受けてしまうと「単純承認をした」とみなされることもあるので、被相続人がマイナスの財産を残している場合や、相続財産の範囲と評価が確定していない段階では、高額な遺品の形見分けを譲り受けないほうが無難です。

┃ここがポイント！

家庭裁判所に相続放棄の申述が受理されれば、はじめから相続人にならなかったものとみなされる。その結果、いっさいの相続財産を引き継ぐことはない。

相続分とは？　相続人とは？
遺言書を書くときのキホンのキ

　これまでの解説の中で、「相続分」「相続人」という言葉が何度か出てきました。「被相続人に妻と子どもがいる場合、相続人は妻と子どもになり、妻の相続分は2分の1、子ども1人当たりの相続分は残り2分の1を頭割りにしたもの」ということを聞いた人は多いのではないでしょうか。遺言書を書くにあたって、相続分と相続人の2つの言葉はキホンのキの用語なので、正確に理解しておく必要があります。

 ## 相続分は法律で定められた割合

　「**相続分**」とは、複数の相続人が遺産を共有（一つのものを複数人で共同所有する状態のこと）している場合、預貯金等のプラスの財産（積極財産）と借金等のマイナスの財産（消極財産）を含む相続財産全体に対する各相続人の持ち分をいい、相続分は「2分の1」とか「3分の1」などの割合で示されます。

　被相続人は、遺言で「Aに3分の1、Bに3分の2」といったように相続分を指定することができますが、遺言による相続分の指定がないときは、法律が定めた相続分の規定（「**法定相続分**」）が適用されます。

相続人の種類と順位

　被相続人の財産を誰に引き継がせるかについて、法律では原則と

して死者と一定の親族関係のあった人に引き継がせることを規定しています。法律によって承継者とされる人のことを「相続人」といいます。そのうえで、遺言によって自分の選んだ人に財産を引き継がせる自由が認められています。

相続人には、「配偶者相続人」と「血族相続人」があり、配偶者相続人は血族相続人と並んでつねに相続人となります。

血族相続人には順位があります。**第1順位として被相続人の子**（もしくはその代襲相続人である直系卑属）、子および直系卑属がいない場合に、**第2順位として被相続人の直系尊属**（父母など）、直系尊属もいない場合に、**第3順位として被相続人の兄弟姉妹**が相続人となります。同順位の相続人が複数いる場合には、各相続人の相続分は頭割りで等分に分けます。

配偶者とは婚姻届を役所に提出した法律上の配偶者であり、内縁関係や事実婚のパートナーはたとえ夫婦同然の生活をしていても相続人にはなれません（195ページ参照）。

なお、「代襲相続」とは、おもに本来の相続人が相続開始時に死亡している場合に、その人の子どもが本来の相続人に代わって相続人になることをいいます。たとえば、親より先に死亡した子どもの子ども、つまり孫が親の代襲相続人として祖父母の相続人になるケースが該当します。

✎ 相続分相当の遺産は「もらって当然」ではない

「法定相続分相当の遺産はもらって当然」と思っている人がいますが、そうではありません。法定相続分は一応の割合にしか過ぎないのです。被相続人から生前に贈与を受けていたり、相続人が被相続人の財産形成に多大な寄与（貢献）をしていたような場合、事情を考慮しながら具体的な相続分が算出されます。

この具体的な相続分を基礎に遺産分割が行われ、最終的に各相続人が取得する相続財産が確定します。

相続人と法定相続分

配偶者相続人	血族相続人	
夫または妻　1/2	第1順位・子	1/2
夫または妻　2/3	第2順位・直系尊属	1/3
夫または妻　3/4	第3順位・兄弟姉妹	1/4

　しかし、被相続人や相続人の債権者・債務者など第三者にとっては、「誰がどのような贈与を受けていたか」「財産形成に寄与したか」は不明であり、具体的な相続分を計算することはまず不可能です。相続人自身も、お互いにそれらの事実を知らない場合もよくあります。そこで実際には、具体的な相続分の算定は遺産分割協議による話合いによって行われます。

　ところで、遺産分割には「いつまでに終わらせなくてはならない」といった期間の制限はありません。そのため、被相続人の死亡から何十年も放置されることもあります。しかし、それでは被相続人にお金を貸していた債権者などにとっては、たまったものではないでしょう。そこで、法定相続分が基準として活用されるのです。被相続人の債権者は相続人を戸籍をもとに調査し、各相続人に対して法定相続分に応じた割合で被相続人に貸し付けた金銭等を請求することができます。

ここがポイント！

法律で各相続人の持ち分（法定相続分）は決められているが、遺言で変更することができる。

1-7

相続人がいないと
誰が相続財産を引き継ぐ？

 相続人がいないケースとは？

　被相続人に配偶者がなく、相続人となる第1順位の子も養子もなく、第2順位の実父母・養父母もなく、さらに第3順位の兄弟姉妹もいなければ、その被相続人には相続人がいないということになります。相続人がいないケースで多いのが、両親がすでに死亡している独身で子どもがいない一人っ子です。

 相続人がいないと相続財産は誰のものに？

　被相続人に相続人がいない場合、遺言書を残していなければ、相続財産は引き継がせる人がおらず宙に浮いてしまいます。この場合、家庭裁判所は被相続人の利害関係人（たとえば内縁の妻や医療看護をしてきた人）などの請求によって「**相続財産管理人**」を選任します。相続財産管理人は、被相続人の財産を管理したり負債の清算を行います。

　「財産管理人選任事件の新受件数および管理継続中の件数の調査結果」（最高裁判所事務総局家庭局実情調査）によると、2022（令和4）年12月31日時点の管理継続中の相続財産管理人選任事件の件数は1万3619件もあります。

　相続財産管理人が選任されると、家庭裁判所はまず相続人捜索の公告を行います。それでも相続人が見つからない場合、「被相続人と生計を同じくしていた人」「被相続人の療養看護に努めた人」「被

相続人がいない人の相続財産の行方

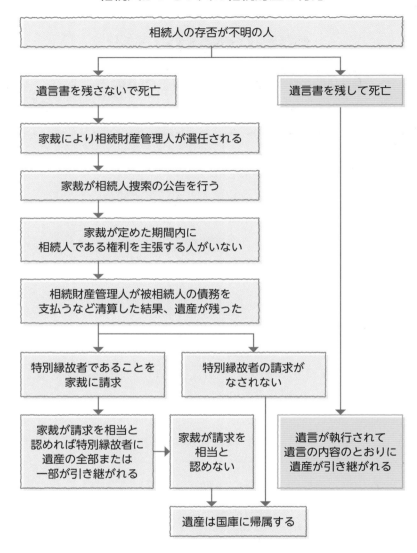

相続人と特別の縁故のあった人」(以上、「**特別縁故者**」)の請求によって、相続財産の全部または一部を分与する制度があります。

　この制度は、家庭裁判所が相当と認めるときに実施され、相続債

権者等への清算後に残った財産が対象となります。なお、特別縁故者の請求は、相続人を捜索するための公告で定められた期間の満了後3か月以内にしなければなりません。

　特別縁故者への財産分与が行われなかった場合、相続財産は国庫に帰属し、国のものになります。

遺産を国のものにしたくない場合

　相続人が存在せず、家庭裁判所が特別縁故者からの請求を認めなければ、最終的に遺産は国庫に帰属します。相続人がいない人で、「遺産を国のものにしたくない！」という人は、遺言書を残しましょう。遺言書を残せば自分の遺産を思うように残すことができるので、当然、国のものにはなりません。

> **ここがポイント！**
>
> 相続人がいないと遺産は国のものになる可能性がある。遺言書を残せば自分の財産を自分が思うように残すことができる。

そもそも「相続財産」には どんなものが含まれる？

　「相続分」「相続人」と同じく、「相続財産」という言葉も聞きなれた言葉だと思いますが、遺言書を残すにあたって正確に知っておく必要があります。どのような財産が相続財産となるのか、あらためて確認しておきましょう。

相続財産とは何？

　人が死亡して相続が開始すると、被相続人の財産に属したいっさいの権利義務は、後述の例外を除き、すべて相続人が引き継ぎます。このいっさいの権利義務には、「個別の動産・不動産などの権利」「金融機関に対する金銭債権」などが含まれます。

　また、被相続人の死亡によって発生する権利、たとえば、被相続人が交通事故で死亡した場合、事故による財産的損害の賠償請求権はもちろん、慰謝料請求権も相続されます。

相続財産にならないもの

　法律では、被相続人の「一身専属」したものは相続財産に該当しないとされています。一身専属とされるものは、個人の人格や才能、個人の法的地位と密接で分けられない関係であるため、他の人による権利の行使や、義務の履行を認めることが難しい権利義務をいいます。

　たとえば、雇用契約による労働債務、特定のデザイナーによる製

作物や芸術作品を作る債務、親権などの民法上の権利義務、生活保護受給権や公営住宅の使用権などの社会保障上の権利などがあります。

特殊な財産である「お墓」は別ルートで引き継がれる

系譜（家系図など）、祭具（位牌・仏壇仏具・神棚・十字架など）、墓石・墓地といった祖先の祭祀のための財産（「**祭祀財産**」）は、その特殊性から相続の対象とはならず相続とは別ルートで引き継がれます。

祭祀財産は、祖先の祭祀を主宰すべき者（「**祭祀主宰者**」）が引き継ぎますが、祭祀主宰者は、①被相続人の指定、②指定がない場合には慣習、③慣習が明らかでない場合は家庭裁判所の審判、という順で決まります。

祭祀主宰者は①が優先されるので、相続人ではない内縁配偶者や共同生活のパートナーを指定することもできます。指定方法は法律では定められていないので、生前に口頭または文書で指定しておくか、遺言によって行うこともできます。なお、香典は遺族への贈与であり、相続財産には含まれません。

ちなみに、遺骨は相続財産でしょうか？　そもそも遺骨は被相続人の所有物ではないので相続財産に含まれません。一般には、死者の祭祀供養をつかさどる人に引き継がれると考えられています。

不動産はモメやすい相続財産

想像がつくことだと思いますが、分けやすい遺産は金融資産です。現金化すればどのようにでも分けられるので、「融通が利く遺産」といえます。

一方、不動産は切って分け合うというわけにはいきません。複数の相続人が引き継いで共有にするという方法もありますが、前述のとおり、所有者が単独で売却できなかったり、将来相続人が雪だる

ま式に増えて複雑な権利関係になってしまう危険性もあります。売却して得た現金を分けるという方法もありますが、すんなり売れるとも限りません。このように不動産は「融通が利かない遺産」といえます。

不動産が遺産の大半を占める場合は、不動産を取得した相続人が他の相続人より遺産を多く引き継ぐことになるので、誰が取得するかでモメる危険性があります。

なお、他の相続人より多く遺産を取得した相続人が、その穴埋めとして他の相続人にお金を払って調整するという分割方法もあります。この分割方法を「**代償分割**」といい、穴埋めとして他の相続人に支払うお金を「**代償金**」といいます。ただし、代償分割は多めの遺産を取得した相続人に代償金を支払う十分な資力がある場合に限られます。

ここがポイント！

相続財産は被相続人の「一身に専属したもの」以外の財産。祭祀財産は祭祀主宰者が引き継ぐ。祭祀主宰者の指定は遺言でもできる。不動産はモメやすい相続財産なので要注意。

1-9

エンディングノートと遺言書はどこがどう違う？

　エンディングノートと遺言書は、"死を前提とする書面"という共通点があります。しかし、その2つには法的効果においてハッキリとした違いがあります。この違いを押さえておかないと、相続トラブルにつながることもあります。

✏️ エンディングノートは「人生結末のメモ」

　エンディングノートは、「エンディング」（＝結末）＋「ノート」（＝書きとめたもの・覚え書き・メモ）です。つまり、「人生の結末（＝死）を前提としたメモ」ということです。メモですから書き方にルールはありません。ルールがないので自由に書いてよいのです。

　メモなので原則として法的効果、つまり権利義務の発生は期待できません。そればかりか、エンディングノートに遺産の引継ぎの考えなどを書いたら、死後にエンディングノートを見た相続人の間で、「（被相続人は）こう残したかったのかな…」などと憶測が流れて、遺産分割協議に悪影響を及ぼし、モメる原因になりかねません。

✏️ 遺言書はれっきとした法律文書

　一方、遺言書は自らの死後に関することを記述した「**法律文書**」です。法律文書ですから遺言書には遺言者の死後に法的効果、つまり権利義務が生じます。そして、法的効果を発生させるため、遺言の「書き方」（方式）や、書くことができる内容（「**遺言事項**」）は法

エンディングノートと遺言書の違い

	内容	書き方・内容	法的効果
エンディング ノート	死に関する ことについて 書き残す書面	自由	なし
遺言書		法律で 決められている	あり（死後）

律で定められています。そのため、そのルールに違反した方式や内容だと無効になるおそれがあります（44ページ参照）。

ここがポイント！

エンディングノートは書き方・内容は自由だが法的効果は原則ない。遺言書は法律で書き方・内容（遺言事項）が決められていて、死後に法的効果が発生する。ルールに違反した遺言書は無効になるおそれがある。

1-10

自筆証書遺言と
公正証書遺言はどう違う？

　遺言書には７つの種類があります（次ページ図参照）。まず、大きく普通方式と特別方式の２つに分けられます。普通方式は本来の遺言の方式で、自筆証書・公正証書・秘密証書の３種類があります。これに対して、死が差し迫り、普通方式に従った遺言をする余裕がない場合に用いられるのが特別方式です。

　通常、選ばれるのは普通方式の「**自筆証書遺言**」か「**公正証書遺言**」のいずれかです。自筆証書遺言も公正証書遺言も法的効果は同じですが、作成方法・費用・保管方法などは以下のように異なります。

自筆証書遺言の特徴

　自筆証書遺言は、その名のとおり「自分で書く」遺言です。自分で書くので、誰にも知られずに残すことができます。また、紙とペンと印鑑があれば残せるので費用がほとんどかかりません。

　保管方法は、以前は自分で保管するか、遺言執行者等（19、62、138ページ参照）に預けるかしかありませんでした。そのため、紛失したり、発見した人に書き換えられたり（変造）、破り捨てられたり（破棄）するおそれがありました。そこで、このような危険を回避するために、2020（令和２）年７月に自筆証書遺言を法務局に保管できる制度（「**遺言書保管制度**」）がスタートしました（148ページ参照）。

遺言書の７つの種類

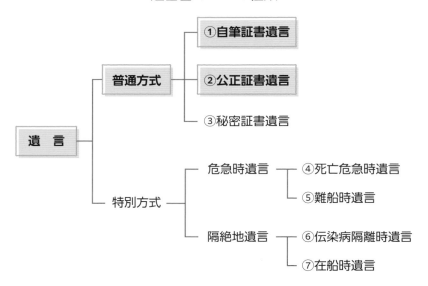

なお、遺言者の死後にその内容を実現するには、家庭裁判所に「**検認**」の申立てを行うことが必要です（62ページ参照）。ただし、遺言書保管制度を利用した場合は、検認をする必要はありません。

🖋 公正証書遺言の特徴

公正証書遺言は遺言者の意思に基づいて「**公証人**」が作成します。公証人は実務経験のある元裁判官や元検事等の中から法務大臣が任命する公務員で、全国に約500人います。

公正証書遺言の作成は、全国に約300か所ある「**公証役場**」で行いますが、公証人に療養先の病院や自宅に出張してもらうこともできます。作成には手数料がかかります。

作成時に公証人と証人２人の計３人が立ち会うので、それらの人には内容が知られてしまいますが、公証人は法律で守秘義務が課せられており、証人も秘密保持義務を負うことは明らかなので、遺言の内容が外部に漏れることはまずありません。

自筆証書遺言と公正証書遺言の違い

種　類	自筆証書遺言	公正証書遺言
作成する人	自分で書く（自書する）	公証人が作成する
費　用	ほぼゼロ	公証役場に支払う手数料が財産額や内容に応じてかかる。５万～10万円程度が多い。なお、作成前に公証役場から見積もりが提示される
保管方法	遺言者が自分で保管するか遺言執行者等に預けるかしかなかったが、法務局（遺言書保管所）が保管する制度も利用できる	公証役場に半永久的に保管される
秘密度	相続人や他人に言わない限り、作成したことは自分しかわからない	公証人と証人には内容を知られるが、外部に漏れることはない
検　認	必要。ただし、法務局に保管した場合は不要	不要

　証人２名は遺言者が手配できますが、未成年者、推定相続人、遺贈を受ける人などは証人になれません。もし、適当な証人が見当たらなければ公証役場で紹介してもらうこともできます。

　公正証書遺言の原本は公証役場で半永久的に保管され、遺言者には正本・謄本が交付されます。なお、公正証書遺言は検認が不要です。

> **ここがポイント！**
>
> 遺言書は７種類あるが、自筆証書遺言と公正証書遺言のどちらかがほとんど。

遺言書を残すタイミングは いつでも大丈夫？

 遺言書を書くためには年齢制限と能力をクリアすること

遺言書はいつでも残せるでしょうか？　答えは「ノー」です。

まず、年齢制限があります。法律では「15歳に達した者は遺言をすることができる」と規定しています。つまり、15歳未満の人が遺言書を残しても法的に無効となります。

では、15歳以上の人なら誰でも遺言書を残せるのかというと、そうではありません。法律では「遺言者は、遺言をするときにおいてその能力を有しなければならない」と規定しています。この「能力」のことを「遺言能力」といいます。遺言能力を有していない状態で遺言書を残してもその遺言書は無効となります。

 遺言能力があるうちに書く

遺言能力とは、遺言書を残すことで、自分の死後に起きる結果を理解・判断できる能力のことをいいます。誤解をおそれずにいえば、ボケたら遺言書は残せないのです。

遺言能力が疑わしい時期に遺言書を残してしまうと、遺言者の死後に「お父さんが遺言書を残したときは、私の顔もわからないときがあった。そのような状態で遺言書を残せるはずがない」と相続人の誰かが言い出して、せっかく遺言書があっても遺言能力の有無を巡ってモメる可能性が高くなります。実際に、遺言を巡る争いの多くは、「遺言を作成したときに遺言能力があったか否か」という遺

言能力の有無が争点となっています。

　残した遺言書が相続争いの火種になっては元も子もありません。遺言書は遺言能力を争う余地がない、心身ともに良好なときに残すことが重要です。

ここがポイント！

法的に有効な遺言書を残すには遺言能力が必要。ボケ始めてから残した遺言書は相続争いの火種になりかねない。

遺言書に書く内容は
どんなことでもよい？

✎ 基本的には書く・変更・撤回は自由

　前項で説明したように、満15歳に達して遺言能力があれば、いつでも遺言書を書くことができます。さらに、一度書いた遺言の内容を自由に変更したり撤回したりすることもできます。法律では、「遺言を書く・書かない」、一度書いた遺言を「変更する・しない」「撤回する・しない」の自由が保障されています（「**遺言自由の原則**」）。

　しかし、遺言書に何でも書いても構いませんが、死後に法的効果が生じる内容は決められています。遺言書で残すことができるおもな事項（「**遺言事項**」）は、以下のように法律で決められています。

おもな遺言事項
- 死後の財産処分
- 遺言執行者の指定
- 祭祀主宰者の指定
- 認知

　遺言事項以外のことを遺言書に書いても法的な効力が発生しませんが、遺言書によく書かれる遺言事項以外のことには次のようなものがあります。

遺言事項以外で遺言書によく書かれること
- 葬式の方法
- 家族間の介護や扶養の方法

- 「○○家の者はかくあるべし」といった遺訓

　このような遺言事項に含まれないことを遺言書に書いてもかまいませんが、その内容を実行する・しないは相続人の判断にゆだねられます。

書いた遺言事項はすべて法的に有効？

　では、遺言事項であれば何でも書いてよいのでしょうか。当然ですが限度はあります。遺言事項であっても公序良俗に反する内容であれば法的に無効とされます。

　公序良俗とは、「公の秩序」と「善良の風俗」をまとめた言葉ですが、公序良俗に反するとは、社会一般の秩序やみんなで守るべき健全な習慣に反する行為をいいます。したがって、愛人との不倫関係を続けることを目的に「死後に全財産を愛人に残す」といった倫理的秩序に反する遺言は「公序良俗に反する」と判断されて無効となります。

> **ここがポイント！**
>
> 遺言書で法的に有効となる内容（遺言事項）は決められている。ただし、遺言事項でも公序良俗に反する内容は無効となる。

1-13

財産を残す相手に事前承諾は必要？
遺留分を考慮しない遺言内容は有効？

 相続人の承諾はいらない

　一般的な契約では、たとえば、自分と相手が「売りましょう」「買いましょう」といったように、お互いの意思が合致しなければ成立しません。一方、遺言という制度は、遺言者が相手の承諾なく一方的に生前に行った意思表示について、遺言者の死後に効力を認め、その実現を確保する制度です。したがって、遺言で財産を残そうと思っている人に「あなたに私の死後に財産を残したいけれど受け取ってもらえますか？」と事前に承諾を得る必要はないのです。

 遺留分はひとまず無視してもよい

　遺言の内容は遺言者が好きに決めることができるので、法定相続分を無視して「1人の相続人に全財産を残す」「相続人以外の人に全財産を残す」といった内容の遺言書を残しても構いません。

　ただし、このような内容の遺言は、遺言者が亡くなって遺言の効力が発生したあと、法定相続分を無視された相続人は、後述するように、一定限度で相続分の取戻し請求をすることができます。これが「**遺留分**」という制度です。

　遺留分は、兄弟姉妹（またはその代襲相続人）以外の相続人、つまり、①配偶者、②子（子の代襲相続人を含む）、③直系尊属に認められています。なお、相続放棄をした相続人には遺留分はありません。遺留分の割合は次ページ上図の割合になります。この遺留分

遺留分の割合

相続人	遺留分の割合
● 配偶者のみ ● 配偶者と子 ● 配偶者と直系尊属 ● 子のみ	▶ 相続財産全体の2分の1
● 直系尊属のみ	▶ 相続財産全体の3分の1

の割合に各自の法定相続分をかけたものが「各自の遺留分」となります。

　たとえば、相続人が妻と子ども2人の場合、「妻にすべての財産を相続させる」と父が遺言書を残したとすると、子どもの遺留分は、相続財産全体の2分の1の2分の1、つまり4分の1となります。子どもが2人なら人数で頭割りして、1人当たりの遺留分は4分の1の半分の8分の1となります。

　遺留分を侵害された相続人は、遺言によって遺留分を侵害した相続人に対して侵害額相当の金銭を請求することができます。この権利を「**遺留分侵害額請求権**」といいます。

　遺留分侵害額請求権は、遺留分権利者が相続の開始および遺留分を侵害するような贈与、または遺贈があったことを知ったときから1年間経過すると時効によって消滅し、相続開始から10年間経過したときも消滅します。なお、遺留分については、142ページも参照してください。

ここがポイント！

　遺言は遺産を受け取る相手の承諾を得ることなく自分の思う内容で残すことができる。遺留分を侵害した遺言内容でも有効である。

1-14

パソコンで作成してもOK？
縦書き・横書きどちらでもよい？

　遺言を書くとき、どのような用紙と筆記具を用意すればよいのでしょうか。また、縦書き・横書きの指定はあるのでしょうか。イマドキなので、遺言内容の録音や録画でもOKのような気がする人もいるでしょう。また、書き上げた遺言書は封筒に入れなくてはいけないのでしょうか？

✐ 自筆証書遺言は自分で書く

　法律では、自筆証書遺言を作成するには、「遺言者が、その全文、日付および氏名を自書し、これに印を押す」と規定しています。ただし、相続財産の全部または一部の目録（「財産目録」）を添付する場合には、その目録は自書する必要はありませんが、その目録の各ページに署名押印する必要があるので注意が必要です（52ページ参照）。

　自分で字が書ける人であれば、遺言者が1人で作成できるので、簡単で費用もほとんどかかりません。しかし、遺言書を管理する人が定められていないと、遺言者の死後に偽造や変造、隠匿・破棄などのおそれもあります。そこで、法務局に預ける制度を利用すればその危険は回避できます（39、148ページ参照）。

　また、遺言者に法律知識がない場合は内容が不明であったり、方式上の要件違反をしやすく、遺言の効力を巡って紛争が生じたりすることもあり得ます。

紙に書かなくてもよい？

　法律では、「遺言を書くもの」について規定していません。ですから、何に書いても構いません。だからといってホワイトボードに書いたら簡単に消せますし、押印も難しいでしょう。ですから、通常は紙に書きます。

　遺言の効力が生ずるのは遺言者が死亡したそのときからです。何十年も先のこともあるでしょうから、用紙は変質しないもの、筆記具は字が消えにくいインクを使用したボールペンや万年筆がおすすめです。流行りの消せるボールペン（フリクション）や、鉛筆では消してしまえるので避けましょう。

 ## 縦書き・横書きどっちがよい？

　法律では、縦書き・横書きの指定をしていません。以前は、「かしこまった文書」ということで縦書きが主流でしたが、ここ数年は横書きが増えています。実際、公正証書遺言も横書きがほとんどです。自分が書きやすいほうを選べばよいでしょう。

 ## 録音・録画で残してもよい？

　自筆証書遺言は、録音や録画はいっさい認めていません。遺言の内容を読み上げて録音したり読み上げている場面を録画しても法的に無効になります。ただし、遺言者本人が間違いなく自分で書いたという「遺言の信ぴょう性を高める目的」として、まず自書した遺言書を残して、次にその遺言書を肉声で録音したり、読み上げている場面を録画して、遺言書とセットで記録媒体に録音・録画したものを残すのは問題ないでしょう。

 ## 封筒に入れないとダメ？

　法律では、「書き上げた遺言書は封筒に入れなくてはならない」などの規定を設けていないので、封筒に入れなくても構いません。

ただし、むき出しのままだと内容を見られたり、見つけた人が自分に都合の悪い内容だったら、書き換えたり破棄してしまうおそれがあります。したがって、封筒に入れて封印しておいたほうがよいでしょう。

ここがポイント！

自筆証書遺言は全文自書が原則。横書き・縦書きは自由。経年劣化しない紙に消えにくい筆記具で書くこと。録音・録画は法的に無効になるのでNG！　書き上げた遺言書は封印しておいたほうが無難。

1-15

自筆証書遺言で「自書」しなくてもよくなったって本当？

 特定の一部は自分で書かなくてもよくなった

　自筆証書遺言はその名のとおり「自書」、すなわち「自分で書く」遺言書です。しかし、「すべての財産を妻に相続させる。」といった短文ならよいのですが、長文となると遺言者の負担は重くなります。また、「書くのが面倒だ」となって遺言書を残すのをやめてしまう人もいるでしょう。

　そこで、遺言者の負担を軽くすることで遺言の普及を図ることを目的として法律が改正され、2019（平成31）年1月13日以降、自筆証書遺言の一部に限っては自書しないで済むようになりました。

 「財産目録」は自分で書かなくてもよい

　改正前の民法では、「自筆証書遺言をする場合には、遺言者が遺言書の全文、日付および氏名を自書して、これに印を押さなければならない」と定めていました。

　ところが前述の改正によって、「自筆証書によって遺言をする場合でも、例外的に、自筆証書に相続財産の全部又は一部の目録（以下「**財産目録**」）を添付するときは、その目録については自書しなくてもよい」となりました。

 財産が多数の場合は利用価値あり

　遺言書には、「△△をAに相続させる」とか「○○をBに遺贈す

る」というような、財産ごとに残し方を書く方法がよく取られます。しかし、財産が多い場合は、一つひとつ書き出すとなると遺言者の負担が重くなるし誤記の原因にもなるでしょう。

そこで、遺言者が多数の財産について遺言によって引き継がせようとする場合には、たとえば、本文に「別紙財産目録1記載の財産をAに相続させる」とか、「別紙財産目録2記載の財産をBに遺贈する」と自書して、別紙として自書によらない「財産目録1」および「財産目録2」を添付します。

この方法のほうが負担は軽く済み、誤記の危険性も低くなります。引き継がせたい財産が多数におよぶ場合は、自書によらない財産目録を作成するとよいでしょう。

財産目録の形式に決まりはない

財産目録の形式については、次に述べる署名押印のほかには特段の定めはありません。したがって、書式は自由で、遺言者本人がパソコン等で作成してもよいし、遺言者以外の人が作成することもできます。

また、たとえば財産目録として、土地・建物について登記事項証明書を財産目録として添付したり、預貯金について通帳の写しを添付したりすることもできます。

自書によらない「財産目録」の注意点

改正後の法律では、「自書によらない財産目録を添付する場合には、その毎葉（自書によらない記載がその両面にある場合にあっては、その両面）に署名押印をしなければならない」と定められています。つまり、すべてのページに署名押印をする必要があります。漏れがないように注意が必要です。

次に、署名押印する箇所について、自書によらない記載が用紙の片面のみにある場合には、その面または裏面の1か所に署名押印を

します。ただし、自書によらない記載が両面にある場合には、両面にそれぞれ署名押印をしなければなりません。

　さらに、自書によらない財産目録は本文が記載された自筆証書とは「別の用紙」で作成しなければなりません（つまり、遺言書の本文中に「自書によらない財産目録」を記載してはいけない）ので注意しましょう。

　また、財産目録の内容を訂正する場合は、通常の文書の訂正方法とは異なるので注意しましょう（56ページ参照）。

　遺言書に自書によらない財産目録を添付してみようという人は、本書に事例を掲載しましたので参考にしてください（168、171ページ参照）。

> **ここがポイント！**
>
> 民法が改正されて「財産目録」に限って自書しなくてもよくなった。ただし、財産目録のすべてのページに署名押印が必要で、本文とは別の用紙を設ける、訂正には厳格な決まりがあるなど、注意が必要。

「代筆」や「添え手」を
してもらってもよい？

✎ 代筆は無効になる

法律では、「遺言者が、その全文、日付及び氏名を**自書し**、これに印を押さなければならない（ただし、財産目録は自書を要しない）」と規定しています。「自書し」と規定しているので遺言者が自ら書かなくてはなりません。法律で遺言者に全文の自書を要求している目的は、全文を自分で書くという積極的な行動によって、遺言が遺言者の真意によって残されたものであることを明確にするためです。したがって、他人に代筆させたものは、たとえ遺言者が話したことを逐一筆記したものであっても無効となります。

また、タイプライターやパソコンなどの機器の利用は、書体から本人の作成かどうかを識別することができないので、自書とは認められません。ただし前項で説明したように、財産目録は一定の要件を満たせば自書しなくてもかまいません。

✎ 添え手は有効か？

遺言者が病気などのため、手が震えて独力では筆記できないような場合に、他人の添え手による補助を受けて作成した遺言書はどうでしょうか？

自書の要件を満たすためには、自分で書く能力があり、かつ補助が遺言者の手を用紙の正しい位置に導くに過ぎないか、遺言者の手の動きが遺言者の望みに任されていて、単に筆記を容易にするため

の支えを借りた状態かなど、添え手をした他人の意思が遺言作成に影響を及ぼした形跡のないことが筆跡で確認できることを要します。しかし、この判定をするのは容易なことではありません。手の震えで思うように文字が書けなくても、文字が識別できる程度なら添え手に頼らずに自力で書くようにしましょう。

　自力では第三者が読める字が書けないような場合は、公正証書遺言にしたほうがよいでしょう。公正証書遺言であれば、氏名だけ自書すれば大丈夫です。氏名も自書できなければ公証人が氏名を書くことができない理由を記述したうえで、遺言者の氏名を代筆することが法律で認められています。

手で書かなくてもよい？

　一般的に手で書くと思いますが、法律では書く手段を決めていないので、身体障害で手書きが困難であれば、口や足を使って書いても問題ありません。ただし、文字が判別できることが条件です。

ここがポイント！

法律では「本人が書いたこと」を証明するために「自書」することを求めている。代筆は厳禁！　手が震えて思うように字が書けない人は公正証書遺言を選択するほうが無難。

書き間違えてしまったら　どうしたらよい？

　遺言書を書き間違えてしまったらどう対処したらよいでしょうか。通常、書き間違えた箇所を訂正するには、その箇所にまず二重線を引き、次に訂正印を押し、そして正しい文字や数字をその脇に書きます。では、遺言で書き間違えてしまった場合も同じ方法で訂正してよいのでしょうか。

 訂正には厳格なルールがある

　法律では遺言の訂正方法を次のように厳格に規定しています。

遺言書の訂正方法
①遺言者が変更した場所を指示し、
②次に、これに変更した旨を付記して署名し、
③最後に、その変更の場所にも印を押さなければならない

　私たちが日常で行っている文書の訂正方法とはだいぶ違うようです。遺言の効力が発生するのは遺言者が死亡したときからです。したがって、遺言書の訂正が第三者によってなされたのではなく、遺言者本人が訂正したことをハッキリさせるために、法律ではこのような複雑な訂正方法を採用したのです。

　しかし、この方法は日本の文書作成慣行になじまないため、実際に間違うことも多く、以前から「この要件は緩和すべき」という声

もありますが、実現されないままで今日に至っています（2024年2月現在）。

 ## 書き間違えたらどうするのがいい？

　前述のように、遺言書を訂正する場合は一般とは違う特別な方法で行わなければなりません。事例を175ページに掲載したので参考にしてください。正しく行えればよいのですが、間違えてしまうと訂正方法をめぐって遺言書の有効・無効の争いにならないとも限りません。

　そこで、書き間違えたり加筆したりしたい場合は、新たに書き直すことをおすすめします。「せっかくここまで書いたのに…」と名残り惜しい気持ちになるかもしれませんが、自分の死後に残した遺言書でモメる場面を思い浮かべて、ここはスパッとあきらめましょう。

 ## 書き間違えた遺言書はきちんと処分する

　書き直す場合に行ってほしいことがあります。それは、書き損じた遺言書は処分することです。処分方法はシュレッダーにかけるのがよいでしょう。なぜなら、死後に複数の遺言書が出てきたら遺言の解釈を巡るモメごとになるからです。遺言書は何度でも書き直すことができますが、最後に残すのは1通にしましょう。

ここがポイント！

遺言書を訂正するには特別なルールが適用される。書き間違えたら新たに書き直すほうがベター。書き間違えた遺言書は処分して証拠はいっさい残さないこと。

夫婦連名で遺言書は残せる？

 共同遺言の禁止

　2人以上の人が同一の文書で残した遺言のことを「**共同遺言**」といいます。法律では共同遺言を禁止しています。共同遺言が禁止されているおもな理由は次のとおりです。

2人以上の同一遺言書を禁止している理由
- 各遺言者の意思表示の自由を妨げるおそれがあるから
- 遺言書の一部に無効原因があった場合の処理など複雑な法律関係が発生して解決が困難となるから
- そのうちの1人の遺言の撤回の自由を制限するおそれがあるから

　夫婦で遺言書を作成する場合、夫は妻の目を、妻は夫の目を意識しながら遺言書を作成しなければなりません。「自分はこうしたいけど妻（夫）がどう思うかな…」と相手を意識するあまり自由に書くことができないのではないでしょうか。

　また、お互いに思いどおりに書き上げたとしても、一方の人の遺言書に何らかの無効になるような箇所があったときに、他方の人の遺言書まで無効となるのかという問題も起きてきます。それに、一方の人が「遺言を作り直したい」と思っても、他方が応じなければ思うように撤回ができなくなるおそれもあります。

共同遺言の事例

遺　言　書

私共、東川清一と東川恵令奈は次のとおり遺言する。

第１条　東川清一は、全ての財産を妻・東川恵令奈に相続させる。

第２条　東川恵令奈は、全ての財産を長男・東川弘之（昭和44年2月1日生）に相続させる。

令和6年5月1日

東川清一 ㊞
昭和20年6月1日生

東川恵令奈 ㊞
昭和20年9月5日生

　夫婦仲がよいからといっても、共同遺言を残したら仲がよいことが仇になってしまいます。何事も「過ぎたるは猶及ばざるが如し」ですね。

ここがポイント！

　2人以上の人が同じ文書に遺言することは禁止されている。夫婦一緒に遺言書を作成しても用紙は別々にすること。

遺言書に「財産を残す」と書いた 相手が先に亡くなったら？

遺言は遺言者が死亡してはじめて効力が発生します。そのため、遺言書を残してから死亡するまでの間、ある程度の時間がかかるのが一般的です。そのため、「財産を残す」とした人が遺言者より先に死亡してしまうこともあり得ます。

✎「長男に相続させる」としていた財産は誰のもの？

遺言者が「長男に土地を相続させる」と遺言書に書いたのに、長男が遺言者である親より以前に（先に、もしくは同時に）死亡してしまったら、遺言者の死後、その土地は誰が引き継ぐことになるのでしょうか。もし、長男に子ども（遺言者の孫）がいれば、孫は死亡した親の代襲相続人（29ページ参照）になるので、亡親に代わり遺言書に書かれている土地を相続するように思えます。

実は、このケースは裁判になりました。判決は、その土地は代襲相続人が相続することなく、遺産分割の対象となるというものでした。したがって、代襲相続人である孫を含めた相続人全員で協議をしてその土地を相続する人を決めることになります。したがって、孫（長男の子ども）がその土地を引き継ぐことができる保証はありません。

✎ 大切な財産には予備的遺言を活用する

大切な財産の受遺者（遺言で財産を受け取ると指定された人）が

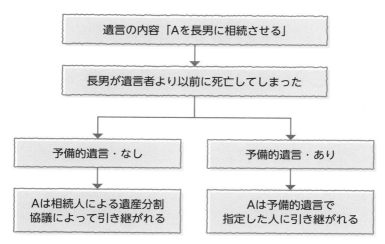

予備的遺言があるかないかの違い

遺言の内容「Aを長男に相続させる」

↓

長男が遺言者より以前に死亡してしまった

予備的遺言・なし → Aは相続人による遺産分割協議によって引き継がれる

予備的遺言・あり → Aは予備的遺言で指定した人に引き継がれる

遺言者より以前に死亡してしまったら、その財産が相続人全員による遺産分割協議によって引き継ぐ人が決められてしまうということに抵抗を覚える人は多いのではないでしょうか。

　そこで、受遺者が自分（遺言者）より以前に死亡してしまうといった事態に備えて、「長男が遺言者の死亡以前に死亡した場合は、長男に相続させるとした財産は孫Aに相続させる」といったような万一に備えた内容を残しておくことができます。このような万一に備えた遺言を「**予備的遺言**」または「**補充遺言**」といいます。

　大切な財産や評価が高い財産に関しては、万一に備えて予備的遺言をしておくべきでしょう（94ページ参照）。

ここがポイント！

遺言書で財産を残そうとした相手が自分より以前に死亡すると、その財産は遺産分割の対象となる。大切な財産や評価が高い財産には予備的遺言を残しておくほうがよい。

遺言書の内容は
どのように実現される？

　残した自筆証書遺言は遺言者の死後、どのようにその内容が実現されるのでしょうか。亡くなったあとのことで実際に確認することはできませんが、事前に知っておきたいことです。

🖋 家庭裁判所に検認の申立てを行う

　自筆証書遺言の保管者あるいはそれを発見した相続人は、遺言者が死亡したらできるだけすみやかに、家庭裁判所に「検認」の申立てをしなければなりません。

　家庭裁判所は、遺言の方式に関するいっさいの事実を調査し、遺言の外部的な状態を検閲認証して、「遺言書検認調書」に記録します。そのうえで、検認済の証印を付された遺言書を申立て人に返却します。

　なお、検認は証拠保全の手続きに過ぎないので、遺言書の有効・無効を判断するものではありません。もし、遺言者の遺言能力や遺言の方式などに疑義がある場合には、訴訟で決着をつけることになります。

　また、遺言書保管制度を利用して自筆証書遺言を法務局（遺言書保管所）に預けた場合は、預けるときに遺言書保管官が方式のチェックをするので「検認」が免除されます。

　ちなみに公正証書遺言の場合も、公証人が作成して証人も立ち会うなど厳重に作成するので検認が免除されます。

遺言執行者を立てれば執行がすみやか

　検認が終わったら、遺言書の内容を実現するための手続きを行います。遺言の内容を実現する手続きを「**遺言執行**」といいます。遺言書に「**遺言執行者**」を書いておくと遺言執行をすみやかに行うことができます。

ここがポイント！

遺言者の死後、自筆証書遺言の内容を実現するには、まず家庭裁判所に検認の申立てをする。遺言書に遺言執行者を書いておくと遺言執行がスムーズに行われる。

相続人が遺言書の内容を
気に入らなかったらどうなる？

✎ 相続人全員の合意で内容と異なる遺産分割もOK

遺言書の内容に相続人が全面的に従わなくてはならないとしたら不都合が生じてしまうこともあるでしょう。そこで、遺言書が相続人にとって不都合な内容であれば、遺言者の死後、相続人全員の合意があれば、遺言内容と異なる遺産分割が認められます。

✎ 現実離れした内容は迷惑

遺言は自由に内容を決められるといっても、たとえば長男家族と同居している遺言者所有の自宅を、すでに自宅を構えている「長女に相続させる」という内容の遺言書を残したらどうでしょう。長男家族は住む場所を失って困るでしょうし、長女も戸惑うのではないでしょうか。

相続人の生活を根底から覆すような「現実離れした遺言」は相続人にとって迷惑のはずで、結局は相続人全員の合意で遺言内容と異なる遺産の引継ぎが行われる可能性が高いでしょう。自分の意思と財産を承継する人の事情をくんだ内容の遺言書を残すことが大切です。

ここがポイント！

相続人全員の合意があれば、遺言書の内容と異なる遺産分割ができる。相続人にとって「迷惑」な遺言にならないように注意すること。

第2章

［穴埋め式］自分で
遺言書を書いてみよう

第2章では、本書の特長でもある「テンプレート」を用意しました。各項目で設けた質問から「自分に関係あるな」と思ったものを選んで、その項目内の［穴埋め式］テンプレートの（　）を埋めていくと、自分が希望する遺言の文章が完成します。あとはそのテンプレートの文章を切り貼りして自書すれば、自分の遺言書が完成します。テンプレートは、「人」「財産」「その他」の3グループに分けてありますので、気になるグループから見てもOKです。自分に当てはまらないケースでも、新たな発見があるかもしれませんよ。

※第2章のテンプレートは、遺言で財産を残す相手を、原則として相続人を想定しています。相続人以外の人に財産を残す場合は、「相続させる」を「遺贈する」と置き換えるとともに、「続柄」（妻・夫、長男・二男、長女・二女、兄・弟、姉・妹、甥・姪など）は内容に応じて削除するなどアレンジしてください。

2−1

「誰」に財産を残したいですか？

遺言には残す相手に応じた「決まり文句」があります。
あいまいな表現はトラブルの元となるので十分に注意が必要です。

トラブルケース ▶▶▶

あいまいな表現で文章を結んだ母

武田豊さん（52歳）は、自宅から車で1時間ほどの実家に行き、先月亡くなった母・浩美さん（享年80歳）の遺品を整理していました。すると、仏壇の引き出しの奥から丁寧に三折りにされた1通の便せんが出てきました。豊さんがさっそく開いてみると何とそれは遺言書でした。

遺　言　書

私の全ての財産を長男武田豊に任せる。

令和6年3月2日

武田浩美 ㊞

浩美さんの相続人は長男の豊さんと長女・朋美さん（47歳）の2人です。豊さんはすぐに朋美さんに遺言書を見つけたことを電話で

穴埋め式 遺言書テンプレート
「誰に」「どうするか」を書くとき

1．相続人に財産を残す場合

　　第（　）条　遺言者は、遺言者の有する次の財産を、
　　遺言者の（続柄）（　　氏名　　）（　　年　月　　日生）
　　に相続させる。

2．相続人以外の人に財産を残す場合

　　第（　）条　遺言者は、遺言者の有する次の財産を、
　　（　　　氏名　　　）（　　年　月　日生）に遺贈する。

伝え、次の日曜に実家で会う約束をしました。

　約束の日、朋美さんに遺言書を見せると、開口一番「『任せる』ってどういう意味かしら？」と言うではありませんか。豊さんは「『任せる』だから俺に全財産を残すってことだろう」と言うと、「そうかしら、『管理させる』という意味じゃない？　とにかくお兄ちゃんに全財産が行くことには納得いかないわ」と言い残して帰ってしまいました。

　はたして、浩美さんはどういった意図で「任せる」という言葉を書いたのでしょうか？　浩美さんの遺影に尋ねても微笑みが返ってくるだけでした。

● トラブルを避けるにはどうすればよかった？

　遺言書にあいまいな表現を書いてしまうと、遺言の解釈を巡るト

ラブルを引き起こしてしまいます。代表的なあいまい表現は、「任せる」「贈与する」「委託する」「委任する」「あげる」「やる」などの言葉です。

　遺言では、相続人に財産を残す場合には「**相続させる**」を、相続人以外に財産を残す場合には「**遺贈する**」を結びの言葉にしてください。そうすれば、解釈の余地なくその人に財産を残すことができます。

解釈の余地なく伝える表現

- 相続人に財産を残す場合………相続させる
- 相続人以外に財産を残す場合………遺贈する

ここがポイント！

文章の結びの言葉は、相続人には「相続させる」、相続人以外には「遺贈する」と書く。「任せる」「贈与する」「委託する」「委任する」「あげる」「やる」などの〝あいまい表現〟は絶対に使わないこと。

2-2　人についての**Question**

「1人」に全財産を
残したいですか？

遺言書本文に書く財産の内容は、
くわしく書けばよいというものではありません。

▶ トラブルケース ▶▶▶

口座番号を書き間違えた夫

　田中英夫さん（78歳）は妻・愛子さん（72歳）と結婚して来月に
50年を迎えます。そこで、「書こう」と思いながら先延ばしにし続け
てきた遺言書を結婚記念日に残すことにしました。英夫さんの両親
はすでに他界していて2人には子どもがいないため、英夫さんが亡
くなったら愛子さんのほかに英夫さんの5人の兄弟姉妹が相続人に
なるので、面倒なことになるのが目に見えていたからです。

　英夫さんは自分が亡くなったら全財産を愛子さんに残すつもりで
す。そこで、自宅の不動産はもちろんのこと、すべての銀行名・支
店名・口座番号を遺言書に書き出しました。その数なんと10行もあ
りました。

　書き上げた遺言書を「これで全財産が愛子に残せるからね」と言
って愛子さんに手渡しました。

　遺言書を残してから5年後に英夫さんは亡くなりました。愛子さ
んは家庭裁判所に検認の申立てをしたあとに、銀行へ預金の払戻し
に行きました。すると行員から「ご主人様の口座番号が誤って記載
されているのでこの遺言書では払戻しいたしかねます」と告げられ
てしまいました。英夫さんは、「6」と書くべきところを「8」と書
いてしまったのです。天国に逝った英夫さんに書き直してもらうわ

全財産を相続人の1人に残すとき

> 第（　）条　遺言者は、遺言者の有する全ての財産を、
> 遺言者の（続柄）（　氏名　）（　　年　月　日生）
> に相続させる。

けにもいかず、愛子さんは途方に暮れてしまいました。

● トラブルを避けるにはどうすればよかった？

　財産の内容を書き間違えてしまうと、相続預貯金の払戻しや不動産の相続登記が困難になるなど、遺言内容を実現することができなくなるおそれがあります。

　実は、すべての財産を1人に残すのであれば、財産を一つひとつ書き出す必要はありません。英夫さんは「すべての財産を妻に相続させる」と書けば十分だったのです。

ここがポイント！

全財産を1人に残すのであれば、すべての財産を一つひとつ書き出す必要はない。

2-3 人についてのQuestion

「長男の嫁」に財産を残したいですか？

息子の嫁に「感謝の証しとして財産を残したい」
という理由で遺言書を残す人も多いようです。

▶ トラブルケース ▶▶▶

介護してくれた嫁に財産を残せなかった母

　山下慎一さん（55歳）は3人兄弟の長男です。25年前の結婚を機に、実家を二世帯住宅にリフォームして、母親の英子さんと同居を始めました。慎一さんは幼いころ父親を亡くし、英子さんは女手一つで慎一さんを育てました。だから慎一さんは、結婚したら英子さんと同居して楽をさせてあげようと決めていたのです。

　6年前に英子さんが体調を崩して寝たきりになってしまいました。慎一さんは仕事が忙しく介護はほとんど妻・順子さん（53歳）に任せきりになりました。英子さんは順子さんの献身的な介護に「本当にありがとう。いくらか残すようにするからね」と、たびたび言ってくれました。順子さんはお金目当てで介護をしているわけではありませんが、義母に感謝されると励みになりました。

　介護を始めてから5年目に英子さんは亡くなりました。享年85歳でした。英子さんは遺言書を残していませんでした。

　英子さんの四十九日からひと月経ったある日、相続人の慎一さん、健次さん、君子さんが一堂に会して遺産分けの話合いをしました。慎一さんは「順子はお袋の介護を本当によくしてくれたんだ。お袋も生前順子には感謝していたよ。だから順子にもいくらか残してやりたいんだ」と話してみました。

　すると健次さんは、「義姉さんは相続人じゃないから無理だな」

相続人以外の人に現金を残すとき

第（　）条　遺言者は、（　氏名　）（　　年　月　日生）に金（　　　　）万円を遺贈する。

と言います。君子さんも「義姉さんは法律的に遺産を受け取る権利はないわ」と同調しました。慎一さんは2人の言うことは理解できるのですが、内心「妻に申し訳ないな…」と思うのでした。

● トラブルを避けるにはどうすればよかった？

　長男の嫁は相続人ではないので、献身的に介護をしても遺産分割協議に参加できません。したがって、順子さんが義母・英子さんの遺産を受けるには英子さんが遺言書でその旨を残すべきでした。

ここがポイント！

長男の嫁など子どもの配偶者は相続人ではない。相続人以外の人に財産を残したいなら遺言書を残すこと。

2-4

人についての**Question**

「甥・姪」に財産を
残したいですか？

甥や姪に財産を残してあげたいという人も案外います。とくに
独身で子どもがいない人や、子どもがいない夫婦に多いようです。

▶ トラブルケース ▶▶▶

遺言書を残さず姪にマンションを残せなかった

　中山昭一さん（85歳）は昨年、妻・小百合さん（享年80歳）を亡くしました。2人の間に子どもはいませんでしたが、小百合さんは一人っ子で、両親はすでに他界していました。百合子さんの相続人は昭一さんだけだったので、遺産の引継ぎはスムーズに終わりました。

　一方、昭一さんの両親もすでに亡くなっており相続は済んでいますが、昭一さんは10人兄弟の三男で、兄弟姉妹の中にはすでに他界した人もいます。そのため、昭一さんが亡くなると、兄弟姉妹のほかに数人の甥・姪まで相続人になってしまいます。

　先日、行政書士に自分が死亡した場合の相続人調査を依頼したら、なんと20人もいました。行政書士から「兄弟姉妹や代襲相続人である甥・姪には遺留分がありませんから、遺言書を残せば思うように財産を残せます」とアドバイスをもらい、ひと安心しました。

　昭一さんと小百合さんは、昭一さんの妹・晶子さんの子どもの絵美子さん（32歳）（昭一さんの姪）を幼いころから実の子のようにかわいがっています。

　絵美子さんはシングルマザーで2人の子どもを育てていて生活は楽ではありません。そこで、昭一さんは自宅マンションを含む全財

甥・姪に財産を残すとき

（1）甥・姪が相続人ではない場合

第（　）条　遺言者は、遺言者所有の次の財産を遺言者の（甥または姪）（　氏名　）（　　年　月　　日生）に遺贈する。

（2）甥・姪が相続人（代襲相続人）の場合

第（　）条　遺言者は、遺言者所有の次の財産を遺言者の（甥または姪）（　氏名　）（　　年　月　　日生）に相続させる。

産を姪・絵美子さんに残すことを決めましたが、すぐには行動に移していませんでした。

　ある日、昭一さんが遺言書を残さないまま脳溢血で突然、この世を去りました。その結果、絵美子さんに遺産を残すことができませんでした。

　そして、20人の相続人による遺産分割協議は難航し、亡くなってから1年が過ぎた今でも自宅マンションは空き家で、預貯金も凍結されたままです。まさに、踏んだり蹴ったりの相続となってしまいました。

● トラブルを避けるにはどうすればよかった？

　甥・姪は代襲相続人でない限り相続人ではありません。甥・姪に

財産を残したいのなら遺言書を残しましょう。

　昭一さんは姪の絵美子さんに財産を残す意思を固めていたのですから、遺言書を残しておくべきでした。誰しもが、昭一さんのようにある日突然、死が訪れる可能性があります。「遺言書を残そう！」と思いたったら、ただちに行動に移すことが大切です。

ここがポイント！

甥・姪は代襲相続人でなければ相続人にならない。甥・姪に財産を残す場合の結語は、甥・姪が相続人ではない場合は「遺贈する」、代襲相続人の場合は「相続させる」と書く。

2-5

「孫」に残したい財産は
ありますか？

遺産を孫の教育資金に使ってほしいなど、
「孫のために財産を残したい」と希望する人もいます。

トラブルケース 》》》

遺言書を作らず孫に財産を残せなかった

　井上久雄さん（74歳）は2年前に妻に先立たれましたが、3人の子どもがいます。長男・幹太さん（42歳）には子どもが1人（健一・8歳）がいます。次男・浩二さん（39歳）と長女・明美さん（36歳）は独身で子どもはいません。2人とも親の面倒を幹太さんに任せきりでもう10年近く音信不通です。

　久雄さんはつねづね、幹太さんに「健一はこれから教育費がかかるだろうから、財産として『残すもの』は書いておくからな。何たって、唯一の孫だからな。浩二と明美は実家に寄りつかないし、きっと遺産分けの話合いもうまくいかないだろうし…」と、暗に、孫の健一さんに財産を残す遺言書を書いておくことを匂わせていました。そこで、幹太さんは久雄さんからの相続を期待して息子に私立の小学校を受験させ、見事合格を勝ち取ったのでした。

　久雄さんは健一さんが小学校に入学した翌年に亡くなりました。亡くなる直前まで「健一に財産を残すように遺言書を残すからな」と言っていましたが、結局、遺言書を残さず亡くなってしまいました。

　幹太さんは「親父が健一に財産を残してくれることを期待してい

穴埋め式 遺言書テンプレート

孫に財産を残したいとき

（1）孫が相続人ではない場合

> 第（　）条　遺言者は、遺言者所有の次の財産を遺言
> 者の孫（　　氏名　　）（　　年　月　日生）に
> 遺贈する。

（2）孫が代襲相続人または養子で相続人の場合

> 第（　）条　遺言者は、遺言者所有の次の財産を遺言
> 者の孫（　　氏名　　）（　　年　月　日生）に
> 相続させる。

たけれど、結局約束は果たしてくれなかったな」と、複雑な思いに
駆られるとともに、これから始まる疎遠になっている弟と妹の間で
の遺産分けを考えると気が重くなるのでした。

● トラブルを避けるにはどうすればよかった？

　ご自身の子どもがすでに亡くなっていて、その子どもに子ども
（つまり孫）がいれば、その孫は亡くなった子どもに代わり代襲相
続人として相続人になります。また、孫を養子にしても相続人にな
ります。それ以外のケースでは孫は相続人でないので、財産を孫に
残したいのであれば遺言書を残す必要があります。

　久雄さんは3人の子どもがいて、孫の健一さんは、父の幹太さん
が健在なので代襲相続人とはなりません。そのため、久雄さんが孫

の健一さんに財産を残したければ遺言書を残すべきでした。

　なお、久雄さんのように「遺言を残す」ことを匂わせながら、結局残さずに亡くなってしまうと、幹太さんのようにモヤモヤした気持ちで遺産分割協議に臨まなければならなくなります。一度、「遺言を残す」と口にしたなら、遺族のためにも、きちんと遺言書を残してあげたほうがいいでしょう。

ここがポイント！

代襲相続人や養子でない孫に遺産を残したいのなら、遺言書を残す必要がある。

　人についてのQuestion

「気がかりな人」に
財産を残したいですか？

相続人以外の人に財産を残す場合には
とくに注意が必要な点があります。

▶▶▶ トラブルケース

亡くなった妻の友人に遺産分けをしたかったが行方知れずに

　山川文夫さん（78歳）は、5年前に妻・妙子さん（享年70歳）を亡くしました。夫婦には子どもはおらず、妙子さんは一人っ子で両親はすでに他界していたので妙子さんの遺産はすべて文夫さんが相続しました。

　最近、妙子さんの親友だった内田洋子さんが夫の事業の失敗で借金を背負ったことを耳にしました。洋子さんは毎年妙子さんの命日にお墓参りをしてくれています。そこで、文夫さんは「妙子は洋子さんのことを心配しているに違いない。私の財産には妙子から引き継いだものも含まれているのだから、洋子さんにいくらか財産を残してあげよう」と思い、さっそく遺言書を書きました。そして、知人の行政書士に、「遺言執行者に指名したので私の死後は頼みますね」と告げ、遺言書を手渡しました。

　それから3年後、文夫さんは亡くなりました。さっそく行政書士は遺言執行の手続きに入りました。そこで、問題が発生しました。遺言書には「内田洋子に金500万円を遺贈する」と書かれているのですが、洋子さんの所在がつかめなくて連絡が取れないのです。行政書士はどうしたものかと思案に暮れてしまいました。

相続人以外の人に財産を残すとき

第（　）条　遺言者は、遺言者所有の次の財産を
（　　　氏名　　　）（　　年　月　　日生）
（　住所　）（電話番号）（　勤務先　）に遺贈
する。

● トラブルを避けるにはどうすればよかった？

　相続人に財産を残す場合、戸籍謄本や戸籍の附票（注）を役所から取り寄せれば、その人の生死や住民票の所在地を確認できます。しかし、相続人ではない人の場合は原則、戸籍謄本を取ることができないので、そうはいきません。トラブルケースのように、遺産を残したい人と連絡が取れなくて遺言執行が困難になることも実際にあります。そうならないように、遺言書には氏名だけではなく、個人を特定できる手掛かりとなる情報も書いておくことが大切です。

ここがポイント！

相続人以外の人に財産を残す場合は、その人が特定できる情報をできるだけ遺言書に書いておくこと。

注：戸籍の附票とは、本籍地の市区町村で戸籍の原本と一緒に保管している書類。戸籍の附票には、その戸籍が作られてから（またはその戸籍に入籍してから）現在にいたるまで（またはその戸籍から除籍されるまで）の住所が記録されている。

2-7　人についてのQuestion

「未成年の子ども」に
財産を残したいですか？

相続人の中に未成年者がいると、
遺産を引き継ぐのに手間がかかります。

▶ トラブルケース ▶▶▶

遺言書がないと8歳の息子には特別代理人が必要

松岡真由さん（48歳）は夫・純二さん（59歳）との間に8年前に第一子の長男・真一君（8歳）を授かりました。数度の不妊治療を経て授かった待望の子どもでした。

ある日、純二さんは真由さんに「俺も来年還暦か…。気が早いかもしれないけど万一に備えて遺言書を残しておこうかな。子どもが未成年のうちに死んでしまうと相続が面倒になると聞いたんだ」と言いました。

真由さんは「縁起でもないこと言わないでよ。でも、残しておいてもいいかもね」と軽い気持ちで答えました。その後遺言の話は2人の間で出ることはありませんでした。

それから半年後、純二さんが突然交通事故で亡くなってしまいました。真由さんは悲しみに暮れる日々を過ごしていましたが、「真一のためにも頑張らなければ」と思い、相続手続きに銀行を訪れました。

真由さんは「相続人は私と真一だけだけだから、私が真一の代理人になれば私が全財産を引き継げるはず」と考えていました。しかし、行員は「ご主人様はご遺言書を残されていないのですね。お子様は未成年者ですから、まずは家庭裁判所に申立てをして特別代理

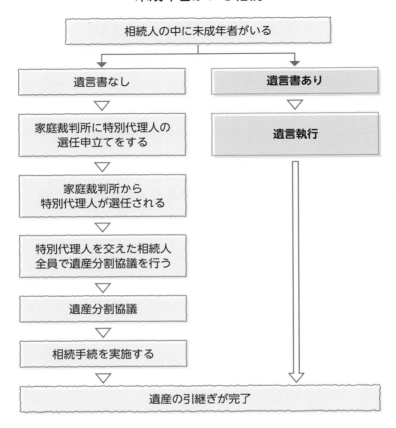

未成年者がいる相続

相続人の中に未成年者がいる

遺言書なし	遺言書あり

遺言書なし
- 家庭裁判所に特別代理人の選任申立てをする
- 家庭裁判所から特別代理人が選任される
- 特別代理人を交えた相続人全員で遺産分割協議を行う
- 遺産分割協議
- 相続手続を実施する

遺言書あり
- 遺言執行

遺産の引継ぎが完了

人を選任してください」と言うではありませんか。

　「特別代理人って何？　家庭裁判所に行かないといけないの…」真由さんは想定外の事態に直面して不安にかられてしまいました。

● トラブルを避けるにはどうすればよかった？

　親権者の父または母が、その子との間で「一方の利益が増えれば他方の利益が減る」というような、お互いに利益が相反する行為（「利益相反行為」）をするには、未成年者である子の権利を守るために「特別代理人」の選任を家庭裁判所に請求する必要があります。

穴埋め式 遺言書テンプレート

未成年者の子どもに相続させたいとき

> 　第（　）条　遺言者は、遺言者所有の次の財産を遺言
> 　者の（長男等の続柄）（　　未成年者の子の氏名　　）
> 　（　　年　月　日生）に相続させる。

　トラブルケースのように、父が死亡した場合に、相続人である母と未成年の子が行う遺産分割協議は、未成年者とその法定代理人である母の間で、母の相続財産が増える分だけ子の分が減るので利益相反行為の典型です。

　家庭裁判所への申立人は、親権者や利害関係人が行い、申立先は子の住所地の家庭裁判所になります。

　特別代理人に選任されるために資格はとくに必要ありませんが、特別代理人は、未成年者の利益を保護するために選ばれるので、特別代理人としての職務を適切に行えることが必要です。

　このように相続人の中に未成年者がいると、遺産分割協議を行う前に特別代理人の選任を申し立てなければならなくなりますが、遺言書があれば特別代理人を立てる必要がなくなり、すみやかに遺産を引き継がせることができます。

　純二さんが思い立ったときに遺言書を書いておけば、真由さんはすみやかに遺産を引き継ぐことができたのです。

ここがポイント！

相続人の中に未成年者がいると、遺産分割協議を行う前に家庭裁判所に特別代理人の選任申立てを行わなければならない。一方、遺言書があればその必要はない。

2-8

「認知したい子ども」はいますか？

生前に認知をしたくてもできない人は、
遺言で認知をするという方法があります。

トラブルケース ▶▶▶

遺言書を書かなかったせいで隠し子に遺産を残せなかった

　小原和也さん（67歳）は妻・江梨香さん（60歳）に絶対に言えない秘密を抱えています。実は、妻以外の女性との間に15歳になる男の子がいるのです。その女性は妊娠がわかったときに「自分で育てるから何もしてもらわなくていい」と言いました。子どもが生まれてから和也さんが援助を申し出ても「産むのを決めたのは私だから」といって頑なに断り続けました。

　和也さんはせめて認知をしたいと思っています。認知をすれば法律上、親子関係になるので死後に財産を残してあげることができます。しかし、認知をしてしまうと戸籍にその事実が載ってしまい、隠し子がいることが妻にバレてしまいます。

　和也さんは「責任を果たしたい」という気持ちと、「今の生活を壊したくない」という気持ちの間でゆれ動いているうちに、不慮の事故で亡くなってしまいました。結局、和也さんは男の子にはいっさい財産を残すことができませんでした。

● トラブルを避けるにはどうすればよかった？

　婚姻関係にない男女の間に生まれた子（「婚外子」）の父は、その子を認知することができます。認知によって法律上の父子関係が生じると、相続権や扶養義務など法律上の親子としての権利義務が発

穴埋め式 遺言書テンプレート

遺言で認知をしたいとき

第（　）条　遺言者は、（　本籍　）・（　住所　）・（　氏名　）（　年　月　日生）を認知する。

第（　）条　遺言者は、遺言執行者として次の者を指定する。

　　　住所　（　　　　　　　　　　　　　　　　）

　　　職業　（　　　　　　　　　　　　）

　　　氏名　（　　　　　　　　　　　　）

　　　生年月日　（　　年　月　日生）

生します。認知した父と認知された子の両者の戸籍には、それぞれ「認知した」「認知された」という事実が記載されます。

　「生前に認知をしたことが表立っては困る」という人には、遺言で認知する方法があります。遺言による認知の効力は、遺言の効力発生と同時（遺言者の死亡の瞬間）に発生します。

　遺言の効力が発生したら、認知の届出を遺言執行者が任務に就いた日から10日以内に役所に対して行なわなければなりません。そのため、遺言で認知をするには、遺言執行者を書いておいて、その人に遺言書を託しておくことを忘れてはなりません。

ここがポイント！

遺言でも認知はできる。遺言で認知をする場合は遺言執行者を指定してその人に遺言書を託しておくこと。

2-9

「親不孝な子ども」への文句を書いておきたいですか？

遺言書の最後に、遺言を残した理由や生前の感謝の気持ちを書くことがあります。これを「付言」といい、書く際には注意が必要です。

▶ トラブルケース ▶▶▶

親不孝な子どもにキツイ文句を書いたら遺産分けでトラブルに

岡田真司さん（83歳）の悩みのタネは次男・英二さん（50歳）のことでした。英二さんは高校に入学した頃からバイクの無免許運転や万引きを繰り返して、真司さんは何度警察に呼ばれたかわかりません。社会人になればまともになるだろうと期待しましたが仕事は長続きしませんでした。一方、長男の英一さん（53歳）は小学校の副校長を務めていて真面目一筋の親孝行者です。

真司さんは、「英二には散々迷惑をかけられっぱなしだ。あいつは私の遺産をもらう権利はない！」と思い、「長男・岡田英一に全財産を相続させる」と全財産を英一さんに残す遺言書を書きました。

書き上げた遺言書を読み直すと、英二さんに対する怒りがこみあげてきました。そして、遺言書の最後に、「英二には迷惑をかけられっぱなしだった。私の遺産をもらう権利などこいつにはない。それに引き換え英一は親孝行だ。だから全財産を英一に残すことにした」と遺言書を残した理由をストレートに書き加えました。そして、遺言書を英一さんに託しました。

遺言書を残してから5年後、真司さんは亡くなりました。そして四十九日の席で英一さんは遺言書を英二さんに見せました。すると

穴埋め式 遺言書テンプレート
付言事項を書きたいとき

付　言

　私がこの遺言書を残した理由は、

（　　　　　　　　　　　　　　　　　　　　　　　　　　）

だからです。

　有意義な人生を送ることができたのは家族みんなの
お陰です。本当にありがとう。

　私の死後、この遺言の内容が速やかに実現すること
を切に願っています。

英二さんの顔色は真っ赤になり、英一さんにこう言い放ちました。
「親父がこんなひどいことを俺に言い残すはずはない！　この遺言
書は兄貴が親父に無理矢理に書かせたんだろう。俺だって今は真面
目に働いているんだ。これは親父の本心ではない。無効だ！」そう
捨て台詞を残して席を蹴って立ち去ってしまいました。英二さんは
真司さんが遺言書に書き加えた内容が気に障ってしまったようで
す。英一さんはこれからの遺産分けのことを考えると気が滅入って
しまうのでした。

● トラブルを避けるにはどうすればよかった？

　遺言書を残した理由や生前の感謝や死後の希望など、「法律で遺
言事項にないこと」を書く場合があります。この文書のことを「付
言」といいます。

付言でよく書かれる文言
- これまで幾歳月の余生を送ることができたのも、妻と子どもたちのお陰と心から感謝しています。
- この遺言が私の死後に速やかに実現することを切に願います。

　付言には法的効力はありませんが、遺言の内容について理解が得やすくなるなど、遺言の内容を実現しやすくする効果が期待できます。

　しかし、トラブルケースのように、特定の相続人を非難する内容だと、たとえそれが事実だとしても「この遺言は無効だ！」などと非難を受けた相続人に逆ギレされて、遺言の有効・無効を争う事態に発展してしまう危険性があります。

　付言を残す目的は、遺言の内容を速やかに実現することです。付言には死後に遺言書を読まれることを想像して、遺言書を残した理由や生前の感謝の気持ち程度にとどめ、相続人に対する不平不満は書かないのが無難です。

ここがポイント！

付言には不平不満を書かないこと。内容が事実だとしても逆ギレされて遺言の有効・無効を争う火種になりかねない。

2-10　人についてのQuestion

「勘当したい子ども」はいますか？

現代版の「勘当」として、相続権を奪うことができる
「廃除」という制度があります。

トラブルケース

親不孝の子どもに１円たりとも財産を残したくなかった

　三橋恵子さん（医師・享年82歳）は、美容整形の病院の院長を務めていました。病院の経営は順調そのものでした。しかし、恵子さんには次男・祐二さん（52歳）のことが悩みのタネでした。

　祐二さんは、中学に入学すると地元の不良グループに入ってしまいました。喧嘩・窃盗に明け暮れ、そのたびに恵子さんは学校や被害者に謝りに行きました。高校を卒業後、恵子さんのコネで一度は就職したものの長続きしませんでした。

　その後は恵子さんに「今度こそ心を入れ替えてやり直すから」と言って恵子さんからお金を引き出しては失敗を繰り返しました。恵子さんが亡くなる１年程前からは、恵子さんのもとを訪れては金の無心を繰り返し、拒否すると「クソばばあ」とののしり、ひどいときは殴る蹴るの暴行を加えることもありました。恵子さんは「もう我慢ならない。祐二にはいっさい財産を残さない！　勘当するわ！　たしか、廃除という制度があるはず」と、祐二さんを廃除することを決断しましたが、心労がたたって実行に移さないまま82歳で亡くなってしまいました。

　恵子さんは離婚していたので相続人は長男の賢一さん（55歳）と祐二さんの２人です。賢一さんは医師で病院を引き継いでいます。

相続人の廃除をしたいとき

> 第（　）条　遺言者の（　続柄　）（　　氏名　　）
>
> （　　年　月　　日生）は、遺言者を常に「くそばば
>
> あ」とののしって侮辱し、しばしば遺言者に暴行を
>
> 加えるなど虐待を続けるので、遺言者は、（続柄）
>
> （　氏名　）を廃除する。
>
> 第（　）条　遺言者は、遺言執行者として次の者を指
>
> 定する。
>
> 　　住所　（　　　　　　　　　　　　　　　　）
>
> 　　職業　（　　　　　　　　　　　）
>
> 　　氏名　（　　　　　　　　　　　）
>
> 　　生年月日　（　　年　月　　日生）

恵子さんの遺産分割で、祐二さんは自分が恵子さんにした仕打ちや借金をよそに「兄貴、俺には2分の1の相続権があるんだから半分よこせよ」と言うではありませんか。母の悩む姿や祐二さんが母に行った仕打ちを見ていた賢一さんは、到底受け入れることはできません。その後も祐二さんは主張を変えず遺産分割は、いっこうに進展せず、賢一さんは頭を抱えてしまいました。

● トラブルを避けるにはどうすればよかった？

　推定相続人（現時点で、自分が死亡したときに相続人になる人）が、自分に対して虐待や重大な侮辱をしたとき、その他著しい非行があったときは、その推定相続人の「**廃除**」を家庭裁判所に請求で

きます。廃除とは、自分の意思に基づいてその相続人の相続資格を剝奪する制度です。

　廃除は相続権の剝奪という重大な問題です。そのため、廃除請求を受けた家庭裁判所は、慎重に審査して廃除の是非を決めます。

　廃除は遺言でもできます。その場合、遺言者が死亡したのち、遺言執行者が家庭裁判所に対して廃除請求の手続きを行うので、遺言書に遺言執行者を書くとともに、遺言執行者に指定した人に手続きを託しておくことが肝要です。

　なお、廃除の対象となる相続人は「遺留分を有する相続人」に限られます。なぜなら、遺留分を有しない兄弟姉妹に相続させたくない場合は、他の人に全財産を相続または遺贈したり、その人の相続分をゼロにしたりする遺言書を残すなどして、遺産を相続させない処置をすることができるからです。

　祐二さんの非行と恵子さんに行った暴言・暴行は廃除に相当する行為と考えられます。恵子さんは祐二さんを「勘当する」と思ったのであれば、生前に家庭裁判所に申立てを行うか、あるいは遺言ですべての財産を賢一さんに残すとともに、祐二さんを廃除する内容を書いておくべきでした。

ここがポイント！

目に余る非行・虐待・侮辱を行った子どもには廃除という選択肢もある。廃除は遺言でもできる。

2-11

「逆縁」（子どもが先に亡くなること）の心配はありますか？

超高齢化社会の今、遺言書に財産を残すと書いた人が、
自分より先に死亡してしまうこともあり得ます。

▌ トラブルケース ▶▶▶

祖父から不動産をもらう予定だった母親が先に亡くなってしまった

　中田正一さん（89歳）は、長女・明美さん（54歳）と次女・直子さん（50歳）の2人の子どもがいます。妻には5年前に先立たれてしまいましたが、昨年から1人暮らしの正一さんを心配して、明美さん一家（明美さん夫婦と孫の久美さん）が同居して身の回りの世話をしてくれています。

　正一さんは、「明美の家族のお陰でとても助かっているしこの家は私が死んだあとは明美に残すことにしよう。直子は独身で海外勤務が長いし、当分日本に戻る予定もないようだし…」と思い、明美さんに家と土地を残す遺言書を書きました。そして、「お前にこの家と土地を残すように書いたから大切に保管しておいてくれよ」と明美さんにひと言添えて遺言書を託したのでした。

　遺言書を残した翌年、思わぬ事態が起きてしまいました。何と明美さんに末期ガンが見つかり亡くなってしまったのです。気落ちした正一さんは、明美さんが亡くなった3か月後にこの世を去ってしまいました。

　正一さんの四十九日の法要に直子さんは数年振りに帰国しました。そこで、久美さんは叔母の直子さんに「おばさん、おじいちゃんは母にこの家と土地を残すという遺言書を残してたのよ。母はお

穴埋め式 遺言書テンプレート
予備的遺言を書いておきたいとき

第（　）条　遺言者は、遺言者の有する次の財産を、遺言者の（続柄）（　氏名　）（　年　月　日生）に相続させる。

（

財産の内容

）

第（　）条　遺言者は、上記（　氏名　）が遺言者の死亡以前に死亡したときは、第（　　）条により上記（　氏名　）に相続させるとした財産を（続柄）（　　氏名　　）（　年　月　日生）に相続させる。

じいちゃんより先に亡くなってしまったから、母の代わりに私が遺言のとおりに家と土地を引き継ぐわね」と告げました。

　すると、直子さんは「久美ちゃん、それは違うわよ。父は姉（明美さん）に家と土地を残すと遺言書に書いたのね。たしかに久美ちゃんは姉に代わって父の相続人（代襲相続人）にはなるけど、遺言書に書かれた土地と建物は姉が亡くなってしまった今となっては、遺産分けの対象となるのよ。私としては、父の財産は売れるものは売ってお金に換えて、きれいさっぱり久美ちゃんと半分ずつ分け合いたいと思っているの。それについては、あらためて話し合いましょう」と言うではありませんか。

　家と土地は亡母に代わって自分が引き継ぐものと思っていた久美さんは、想定外の叔母の言葉に頭の中が混乱してきてしまいました。

● トラブルを避けるにはどうすればよかった？

実は、叔母の直子さんの主張は正しいのです。遺言書により遺産を相続させるものとされた推定相続人が遺言者の死亡以前（遺言者の死亡より先または遺言者の死亡と同時）に死亡した場合には、特段の事情がない限り、その遺言は効力が生まれません。つまり、遺言の内容は実現せず、明美さんに残すと書かれた不動産は遺産分割の対象となってしまうのです。

そこで、相続人が遺言者の死亡以前に死亡してしまった場合に備えて、あらかじめ、そうした事態が発生した場合に財産を相続させる人を定めておくことができます。このような遺言を「**予備的遺言**」（または「**補充遺言**」）といいます。

超高齢化社会の今、子どもが親より先に亡くなることも珍しいことではありません。正一さんは明美さんが亡くなったあとに「孫の久美に土地と建物を相続させる」といった内容の新たな遺言書を残すか、または、万一の事態に備えて予備的遺言を書いておくべきでした。

> **ここがポイント！**
>
> 大切な財産や高価な財産には、万一に備えて予備的遺言を書いておくこと。

2-12 財産についての**Q**uestion

財産を「すべて」
書き出しましたか？

遺言書に全財産を漏れなく書き出すことはまず無理です。
それでは引渡し漏れの財産が出そうですが、どうすべきでしょうか。

> **トラブルケース** ⟫⟫

遺言書に書かれている以外の銀行通帳があとから出てきた

　大山正一さん（76歳）は妻・加代子さん（65歳）と長男・大山翔太さん（36歳）、長女・川谷祥子さん（32歳）の2人の子どもがいます。先月、ロサンゼルスで仕事をしている翔太さんから「アメリカで永住権を取得したから、当分の間、帰国しないよ」と電話がありました。「翔太が日本にいないとなると、私が死んだあとの遺産分けの話合いや財産の引継ぎの手続きが大変だな」と思い、かねてから行っていた生前整理の仕上げとして、遺言書を残すことにしました。

　生前整理をしていたおかげで、銀行口座はA・B・Cの3行しかありませんでした。そこで、妻に自宅の土地・建物とA銀行の全預金を、翔太さんにはB銀行の全預金を、祥子さんにはC銀行の全預金を相続させる遺言書を書きました。また、遺言執行者に祥子さんを指定しました。

　遺言書を残してから6年後、正一さんは亡くなりました。四十九日の法要のあとに、祥子さんが遺産整理をするために実家を訪れると、タンスの引き出しの奥から見るからに古い約30万円の残高が記帳されているD銀行の通帳を見つけました。「D銀行の払戻しはどうしたらいいのかしら。遺言書には書かれていないし、話合いで分けるにしても翔太はロスに行ったままだし…」と、これから先の見通しがつかず祥子さんは困ってしまいました。

「その他すべての財産」を特定の人に相続させたいとき

第（　）条　遺言者は、遺言者所有のその他すべての
　　財産を、遺言者の（続柄）（　氏名　）（　年　月　日生）
　　に相続させる。

● トラブルを避けるにはどうすればよかった？

　通常、遺言書に全財産を個別具体的に書き出すことは無理ですが、それでは"引渡し漏れ"の財産が出てしまいます。遺言書に記載されていない財産を引き継ぐには、未記載の遺産について遺産分割協議を行い、その合意にもとづいて引き継ぐことになります。1人に全財産を残す場合は「全財産を○○に相続させる」と書けば済みますが、複数人に残すとなるとそうはいきません。

　そこで、複数人に財産を残す場合は、個人ごとに残す財産を書いた最後に、「第○条　その他すべての財産は○○に相続させる」と遺言書に書けば、遺言書に個別具体的に書き出した以外のすべての財産を特定の人に残すことができます。あとから財産が出てきても遺産分割協議をする必要はありません。

　ただし、これは「その他すべての財産」に財産的価値がさほどない場合の方法です。なぜなら、財産的価値が高いものがあとから出てきた場合、「その他の財産を相続する」とされた相続人が相続すると、他の相続人から不満が出るおそれがあるからです。

ここがポイント！

遺言で複数人に財産を残す場合、全財産を遺言で残すには、「その他全ての財産を○○に相続させる」と書くこと。

2-13　財産についてのQuestion

「不動産」はありますか？

不動産について遺言書に書くときは、「住所」を書いてはいけません。
では、何を書けばよいのでしょうか。

▌トラブルケース ▶▶▶

土地の所在に「住所」を書いたため登記できなかった

　佐藤和樹さん（48歳）の父・和義さん（享年83歳）は、亡くなる
1年前に遺言書を書いて和樹さんに託していました。その内容は、
妻・貴子さん（77歳）に自宅の土地・建物を、金融資産は相続人全
員で均等に分けるという内容でした。そして、遺言執行者に和樹さ
んが指定されていました。

　家庭裁判所への検認も無事終わり、和樹さんは法務局に相続登記
を行うために出向きました。すると、遺言書を見た登記官が「この
遺言だと登記は難しいですね」と言うではありませんか。
　「なぜですか!?」と尋ねると登記官は遺言書の不動産が書かれて
いる箇所を示しながら次のように言いました。
　「土地を特定するには『地番』で、建物を特定するには『家屋番
号』で行います。遺言書に書かれているのは『住所』なので登記が
できないのです」
　これを聞いた和樹さんは「登記ができないとなると困ったな。そ
れに住所・地番・家屋番号って、いったい何なんだ!?」と混乱して
しまいました。

地番と住所の違い

名　称	管轄	内　容
地番	法務局	● 土地（一筆）ごとに付けられた番号 ● 土地の登記関係で利用される
住所 （住居表示）	市町村	● 各家や施設などの建物に付けられた番号 ● 郵便配達や宅配などで利用される

● トラブルを避けるにはどうすればよかった？

　和義さんは不動産の所在を住所で書いてしまいました。不動産を特定するには住所ではなく、地番・家屋番号を書かなければなりません。では、地番と家屋番号について見てみましょう。

土地には「地番」を書く

　地番と住所は不動産の場所を示す表示ですが、次のような違いがあります。「地番」とは、土地一筆（土地を数えるための登記簿上の単位）ごとに振り分けられている番号で、法務局が定めたものです。一方、「住所」とは郵便物や宅配便などが届く建物に使われています。2つの違いをまとめると上図のようになります。

　したがって、遺言書には土地を特定する必要があるので「地番」を書きます。

建物には「家屋番号」を書く

　「家屋番号」とは土地でいうところの地番と同じように、建物を特定するための符号のことをいいます。通常、建物が所在する土地の地番が付けられています。

　たとえば、「○○市△△町1番2」の土地（地番）上にある建物の家屋番号は「1番2」となります。同じ地番上に複数の建物が登記される場合は、「1番2の1」「1番2の2」のように支号（枝番）が付されます。

穴埋め式 遺言書テンプレート

不動産の特定をしたいとき

（1）戸建て住宅の場合

第（　）条　遺言者は，遺言者所有の下記不動産を、
遺言者の（続柄）（　氏名　）（　年　月　日生）
に相続させる。

記

（1）土地の表示
　　　所　　在　（　　　　　　　　　　　　　）
　　　地　　番　（　　　　　　　　　）
　　　地　　目　（　　　　　）
　　　地　　積　（　　　　　　　）平方メートル
（2）主である建物の表示
　　　所　　在　（　　　　　　　　　　　　　　）
　　　家屋番号　（　　　　　　　　　）
　　　種　　類　（　　　　　）
　　　構　　造　（　　　　　　　　　　）
　　　床面積　1階（　　　　　　　）平方メートル
　　　　　　　2階（　　　　　　　）平方メートル

地番・家屋番号の調べ方

　毎年4〜6月頃に不動産がある市町村から届く「固定資産税納税通知書」には、固定資産税の納税額の他に、不動産の地番・家屋番

（2）マンション（集合住宅）の場合

第（　）条　遺言者は、遺言者の所有する下記の不動
産を、遺言者の（続柄）（　　　　　氏名　　　　　）
（　年　月　日生）に相続させる。

記

一棟の建物の表示
　所在：（　　　　　　　　　　　　　　　　）
　建物の名称：（　　　　　　　　　　　　）
　構造：（　　　　　　　　　　　　　　　　）
敷地権の目的である土地の表示
　土地の符号　（　　　　）
　所在及び地番　（　　　　　　　　　　　）
　地目　（　　　　　）
　地積　（　　　　　　　　）平方メートル
専有部分の建物の表示
　家屋番号：（　　　　　　　　　　　）
　建物の名称：（　　　　　　　　　　　　）
　種類：（　　　　　）
　構造：（　　　　　　　　　　　）
　床面積：（　　　　　　　）平方メートル
敷地権の表示
　土地の符号　（　　）
　敷地権の種類　（　　　　　）
　敷地権の割合　（　　　　　　　　　）

（3）借地権付き建物の場合

> 第（　）条　遺言者は，遺言者所有の下記不動産を、
> 遺言者の（続柄）（　氏名　）（　年　月　日生）
> に相続させる。
>
> 　　　　　　　　　　　　　記
>
> （1）主である建物の表示
> 　所　　在　（　　　　　　　　　　　　　　　　　　　）
> 　家屋番号　（　　　　　　　　　）
> 　種　　類　（　　　　　　　　　）
> 　構　　造　（　　　　　　　　　　　　　）
> 　床面積　　（　　　　　　　　）平方メートル
> （2）（1）の建物の敷地の借地権
> 　所　　在　（　　　　　　　　　　　）
> 　地　　番　（　　　　　　　　）
> 　地　　目　（　　　　　　）
> 　地　　積　（　　　　　）平方メートルの一部
> 　　　　　　（　　　　　）平方メートル
> 　所有者　　（　　　　　　　　　）

※建物の敷地の借地権については、所有者との契約書の内容に基づいて記載する。

号が記載されています。

　次に、法務局に固定資産税納税通知書に記載されている土地・建物の登記簿謄本（正確には「履歴事項全部証明書」）を請求しましょう。入手した登記簿謄本のとおりに遺言書に土地・建物の所在を

書けば、土地・建物を特定することができるので、相続開始後の相続登記を滞りなく行うことができます。

ここがポイント！

遺言書で不動産の所在を書くときには、地番・家屋番号を記載すること。

2-14　財産についてのQuestion

「金融資産」はありますか？

金融資産の記載を間違えてしまうと、
相続財産の払戻しが難しくなってしまいます。

▶▶▶ トラブルケース

預金通帳の口座番号を間違って書いてしまった

　勝野洋一さん（76歳）は、自分が亡くなったあとも家族が相続手続きで苦労しないように遺言書を残すことにしました。勝野さんは口座を開設しているすべての銀行の銀行名・支店名・口座種別・口座番号を書き出しました。そして、記載した口座の金融資産はすべて換価して相続人3人（妻と2人の子）で3等分するように書きました。

　遺言書を残してから5年後、勝野さんは亡くなりました。妻の寛子さんが銀行に遺言書を提示して払戻手続きをしようとすると、銀行の担当者が「申し訳ございません。遺言書に記載されている口座が当行に存在しないので払戻しができません」と言うではありませんか。

　よく見ると、口座番号が「7」のところを「9」と書き間違えています。また、遺言書を残した後に購入した株もあることが判明しました。今さら夫に訂正や加筆してもらうわけにもいかず、寛子さんは途方に暮れてしまいました。

● トラブルを避けるにはどうすればよかった？

　遺言書に金融資産の内容をくわしく書くと、内容が明確になるので遺言執行の手続きがしやすくなります。しかし、口座番号を書き間違えたりして事実と異なる内容を書いてしまうと、該当箇所に関

金融資産を記載したいとき

第（　）条　遺言者は、遺言者所有の現金・下記預貯金並びにその他一切の金融資産を、遺言執行者をして換価し、その換価金から遺言者の一切の債務を弁済し、かつ、遺言の執行に関する費用を控除した残金を、次の者に次の割合で相続させる。

①（続柄）（　　氏名　　）（　　　年　月　日生）に
　（　　　）分の（　　　）

②（続柄）（　　氏名　　）（　　　年　月　日生）に
　（　　　）分の（　　　）

③（続柄）（　　氏名　　）（　　　年　月　日生）に
　（　　　）分の（　　　）

記

（1）（　　　　）銀行（　　　　）支店
　　（　　　　）預金、口座番号：（　　　　　　　）

（2）（　　　　）銀行（　　　　）支店
　　（　　　　）預金、口座番号：（　　　　　　　）

（3）（　　　　）銀行（　　　　）支店
　　（　　　　）預金、口座番号：（　　　　　　　）

（4）ゆうちょ銀行
　　①通常貯金　記号・番号：（　　　）－（　　　）
　　②定額貯金　記号・番号：（　　　）－（　　　）

する遺言執行ができなくなったり、難しくなってしまいます。

　また、遺言書を残したあとで、購入した有価証券等が記載されていないなどの事態が起こることもあります。

　そこで、現在所有している金融資産を具体的に書き出したうえで、「その他一切の金融資産も合わせて相続させる」という内容を書いておけば、万一、書き間違えたり遺言書の作成後に加わったりした金融資産の遺言執行もすみやかに行うことができます。

　なお、遺言の内容が実現するのは遺言者が死亡したときです。遺言書を書いたときと遺言の内容が実現するとき（遺言者が死亡したとき）は残高が異なるのが普通です。そのため、口座の残高や株式数などは記入しないことです。記載してしまうと「事実と違う」という理由で遺言執行に支障が出てしまうことがありますので注意してください。

ここがポイント！

金融資産は個別具体的に書くとともに、「その他一切の金融資産も合わせて相続させる」という内容にしておくこと。なお、金融資産は金額が変動するので遺言作成時の残高や株式数は書かないこと。

「暗号資産」はありますか？

暗号資産も相続の対象となるので、遺言で相続人に相続させたり
相続人以外の第三者に遺贈したりすることができます。

▶ トラブルケース ▶▶▶

暗号資産の内容がわからなくて遺産分けが暗礁に乗り上げる

山本浩司さん（69歳）は、会社を定年退職してから資産運用に熱心に取り組むようになりました。その中には暗号資産も含まれていました。浩司さんは暗号資産について、妻・和子さん（65歳）に説明したことがありましたが、和子さんはいくら聞いてもさっぱり理解できませんでした。

暗号資産の説明を聞いてから数年後、浩司さんは亡くなりました。家族で浩司さんの財産を調べたところ、不動産と銀行の預貯金はなんとか把握できましたが、暗号資産に関してはパソコンの暗証番号がわからないなど、最初から暗礁に乗り上げてしまいました。そのため、遺産分けがいっこうに進まない事態に陥ってしまいました。和子さんは「暗号資産なんてよくわからないものはやめてほしかった…」と、亡き夫をうらめしく思うのでした。

● トラブルを避けるにはどうすればよかった？

「暗号資産」（注）とは、インターネット上でやりとりできる財産

注：資金決済法の改正（2020（令和2）年5月1日施行）により、法令上、「仮想通貨」は「暗号資産」へ呼称変更された。

穴埋め式 遺言書テンプレート

暗号資産を記載したいとき

第（　）条　遺言者は、遺言者の有する下記の暗号資
産の全てを（続柄）（　　　　　氏名　　　　　）
（　　　年　月　日生）に相続させる。

記

（１）暗号資産の種類：（　　　　　　　　　　　）
（２）暗号資産交換業者名・登録番号：
　　　（　　　　　　　　　）・（　　　　　　　）
（３）ウォレットの種類：（　　　　　　　　）
（４）利用者ＩＤ：（　　　　　　　　）

的価値であり、「資金決済に関する法律」によって、次の性質を持
つものと定義されています。

暗号資産の定義

1. 不特定の者に対して、代金の支払い等に使用でき、かつ、法
   定通貨（日本円や米国ドル等）と相互に交換できる。
2. 電子的に記録され、移転できる。
3. 法定通貨または法定通貨建ての資産（プリペイドカード等）で
   はない。

　代表的な暗号資産には、ビットコインやイーサリアムなどがあり
ます。
　暗号資産はインターネット上で取引を行うため、ほかの金融資産

と比べて相続財産の調査が難航する可能性があります。そのため、遺言書に事実関係を記載して相続人が相続手続きを円滑にできるようにしておいたほうがよいでしょう。

　暗号資産を所有しているのであれば、浩司さんは相続手続きのことを想定して遺言書を残しておくべきでした。

　なお、遺言書に暗号資産の内容を書いた場合、情報が洩れて資産を失うおそれがあります。したがって、その場合は、法務局に遺言書を保管することをお勧めします（39、148ページ参照）。

ここがポイント！

暗号資産は遺産分割で見落とされることがあるので遺言に書いておくこと。なお、暗号資産を遺言書に書いた場合は、保管には十分注意すること。

2-16 **財産**についての**Question**

「宝石」や「美術品」はありますか？

宝石や美術品は、その評価を判断するのは簡単ではないので
遺産分割で頭を悩ませる代物です

> **トラブルケース**

「宝の山」が遺産分割協議を停滞させる原因に

　齋藤太一さん（72歳）の趣味は骨董品の収集です。全国を歩き回って集めたその数はなんと約200点。家のひと部屋が絵画や焼き物などで埋め尽くされています。本人は「宝の山」と言っていますが、妻の弓子さん（67歳）をはじめ、家族全員「眉唾物」だと思っています。

　さて、太一さんが亡くなって遺産分けの話合いで困ったことが起こりました。骨董品の価値がまったくわからないため、遺産分けの話合いが遅々として進まないのです。

　家族は部屋を占領している「宝の山」を覗いては、「はたして、どうしたらよいものか…」とため息をつく毎日です。

● トラブルを避けるにはどうすればよかった？

　宝石や美術品は、相続人を悩ませる遺産です。なぜならその価値が把握しにくいからです。そのため、遺産分割協議を滞らせる原因になる場合があります。

　そこで、ある程度の金銭的価値がある宝石・美術品を所持している場合は、引き継がせる人を指定しておくとよいでしょう。そうすれば、引き継いだ人は専門家に鑑定を依頼するなどして遺産の価値

宝石や美術品を記載したいとき

（1）宝石の場合

第（　）条　遺言者は、遺言者の所有する下記の宝石
を、(続柄)（　　氏名　　）（　　年　月　日生）に
相続させる。

記

（1）鉱物名：（　　　　　　　　　　）

（2）宝石名：（　　　　　　　　）

（3）透明度と色：（　　　　　　　　　　）

（4）カットの形状：（　　　　　　　　　　）

（5）重量：（　　　　　　　　　）

（6）寸法：（　　　　　　　　　）

（7）宝石鑑定書発行日：（　　　　　　　　　）

（8）宝石鑑定書発行機関：（　　　　　　　　　）

（2）絵画の場合

第（　）条　遺言者は、遺言者の所有する下記の絵画
を、(続柄)（　　氏名　　）（　　年　月　日生）に
相続させる。

記

（1）作家名：（　　　　　　　　　　）

（2）作品名：（　　　　　　　　）

（3）様式・技法：（　　　　　　　　　）

（4）寸法：（　　　　　　　　　）

（5）登録番号：（　　　　　　　）

（6）鑑定書発行日：（　　　　　　　　）

（7）鑑定書発行機関：（　　　　　　　　）

が把握できるので、所有・売却・処分をすみやかに判断することができます。

　遺言書に記載する際は、作品の「鑑定書」、または「保証書」の記載事項を転記しましょう。そして、これらの書類を遺言書とセットで保管しておけば、引き継いだ人は作品の価値をより判断しやすくなります。

　太一さんは膨大な骨董品を所有していたのですから、死後に家族が取扱いに困ることを想定して、家族に負担をかけないように遺言で骨董品の引継ぎを記しておくべきでした。

ここがポイント！

> ある程度の金銭的価値がある宝石や美術品を所持している場合は、遺言書に引き継がせる人を指定しておくこと。

2-17

「車」を所有していますか？

もちろん車も相続財産なので、まずは所有者の名義を
被相続人から相続した人へ変更する必要があります。

トラブルケース ▶▶▶

遺産の自家用車を誰も引き継ぎたくないと言い出した

　小林綾子さん（71歳）の夫・誠也さんは3か月前に亡くなりました。享年79歳でした。相続人は綾子さんのほかに3人の子どもがいます。3人とも実家を出て、それぞれ家庭を持っています。

　誠也さんは、自宅は妻へ、金融資産は相続人全員に法定相続分どおりに相続させるという遺言書を残していたので、不動産と金融資産はスムーズに引継ぎを行うことができました。しかし、盲点がありました。自家用車については触れていなかったのです。

　家族全員で自家用車を誰が引き継ぐのか話し合ってみましたが、綾子さんは免許証を持っていないので「不要」と言えば、子ども達も車を所有しているので「いらない」と言います。結局、誰も引き継ぎたくないということになってしまいました。

　相続人の4人は互いに「誰か引き取ってくれないかな…」と思うばかりで、当分の間、モヤモヤした状態が続きそうです。

● トラブルを避けるにはどうすればよかった？

　遺品の自動車は相続した人が乗り続けるか、または売却や廃車の手続きをすることになります。どちらを選ぶにしても、まずは所有者の名義を被相続人から相続した人へ変更する必要があります。

　もし、名義が被相続人のままだと相続人の共有の車ということに

穴埋め式 遺言書テンプレート

自動車を記載したいとき

第（　）条　遺言者は、遺言者の所有する下記の自動
　車を、(続柄)(　氏名　)(　　年　月　日生)に
　相続させる。

記

（1）登録番号：(　　　　　　　　　　　　　　)
（2）種　　別：(　　　　　　　　　)
（3）車　　名：(　　　　　　　　　　　　　)
（4）車台番号：(　　　　　　　　　　)
（5）型　　式：(　　　　　　　　　)

※自動車検査証（車検証）に記載されているとおりに書くこと。

なるので、売却や廃車をする場合は、相続人全員の署名押印が必要
となります。ただし、それでは手続きが面倒なので、自動車を所有
している場合は、自動車を特定できるように遺言書に記載して、相
続させる人を決めておきましょう。こうすると相続した人は運輸支
局で名義変更の手続きをスムーズに行うことができます。

　誠也さんはせっかく遺言書を残したのですから車についても書い
ておくべきでした。そうしておけば、家族間で押し付け合う事態は
回避できたはずです。

ここがポイント！

自動車の引継ぎは意外と面倒。遺言書に引き継がせる人と自動車を特
定できる内容を書いておけばスムーズに名義変更ができる。

2-18

「コレクション」はありますか?

コレクションは個性が強すぎて厄介な遺品になってしまうことが
多いようです。コレクターの方は相続人への心配りが必要です。

▶ トラブルケース ▶▶▶

膨大な数のミニカーの処分方法で意見がまとまらない

　井上拓也さん(享年80歳)の趣味はミニカーの収集でした。その
数はなんと5000個。家のひと部屋を"展示場"と称して占領してい
ました。家族からは「いい加減にして!」と何度も言われていまし
たが、「お前たちには、このよさがわからないんだ」と反論して、い
っこうにやめようとしませんでした。

　相続人は、妻の光子さん(78歳)と長男・浩一さん(50歳)、長
女・美沙さん(45歳)の3人です。3人でミニカーをどうしたらよ
いのか話し合いましたが、光子さんは「お父さんがせっかく集めた
ものだから、同じ趣味の方に譲ったら」と言い、浩一さんは「なか
には価値があるものもあるかもしれない。売ってしまおう」と言え
ば、美沙さんは「どうせガラクタばかりでしょ。思い切って捨てち
ゃわない?」といった具合で、話合いはまとまらず、当分"展示場"
は開放されそうにありません。

● トラブルを避けるにはどうすればよかった?

　コレクションの多くは、個性が強いため、その評価が難しく相続
人が処分に困るようです。そのため、死後にどのようにしてほしい
かを遺言書に書いて、自分の意思を表明しておくことをお勧めしま

穴埋め式 遺言書テンプレート

コレクションを愛好家に譲りたいとき

第（　）条　遺言者は、収集した全ての（　コレク
ション名　）を、愛好家の（　氏名・A　）
（　年　月　日生）に遺贈する。
２（　　A　　）が上記遺贈を放棄した場合
は、（続柄）（　氏名・B　）に相続させる。
なお、（　　A　　）又は（　　B　　）は、
（　コレクション名　）の所有者として、所有・
売却・廃棄等、自らの意思で自由に行うことができ
るものとする。

す。そうすることでコレクションは死後も有効活用されるでしょう
し、相続人が扱いに困ることもないでしょう。

ここがポイント！

コレクションは扱いに困ることがよくある。コレクションがある人
は、遺言で引継ぎについて書いておくこと。

2-19

「お墓」はありますか？

遺言書を残すときに忘れがちなのがお墓についてです。
お墓を所有している人はその引継ぎをどうするか書いておきましょう。

トラブルケース ▶▶▶

一族のシンボルであるお墓を長男と次男で奪い合い

　田中昭一さん（87歳）は、来年で創業100年を迎える田中呉服店の4代目です。子どもは地元の市議会議員の長男・一郎さん（55歳）と家業を手伝っている次男・二郎さん（50歳）の2人です。

　昭一さんは「創業100周年を機に二郎に5代目を正式に継いでもらおう。そのためにも遺産分けでモメないようにしておかないといけないな」と考えて遺言を書き残しました。

　遺言書を残してから3年後、昭一さんは亡くなりました。遺言書のおかげで遺産は滞りなく妻と2人の子どもに引き継がせることができました。

　ところが、遺言書にはお墓についていっさい触れていませんでした。一郎さんは「長男が継ぐのが当たり前だ！」と言えば、二郎さんは「5代目の俺が継ぐのが筋だろう！」と真っ向対立。2人にとってお墓は田中家のシンボルであり、地元の名士として譲れないものなのです。

　2人の仲はすっかり険悪になってしまいました。この状態が続けば裁判で決着を付けるしかなさそうです。

● トラブルを避けるにはどうすればよかった？

　お墓・墓地、家系図、位牌、仏壇仏具、神棚、十字架などの祖先

穴埋め式 遺言書テンプレート
祭祀主宰者を指定したいとき

> 第（　）条　遺言者は、祖先の祭祀を主宰すべき者と
> して遺言者の（続柄）（氏名）（　　年　月　　日生）
> を指定する。

を祀る財産を「**祭祀財産**」といいます。そして、法律は、祭祀財産を引き継ぐ人（「**祭祀主宰者**」）を、一般の相続財産とは別に、次の順序で決めるように定めています。

祭祀主宰者の指定順位

第1順位：被相続人が指定した者

第2順位：被相続人が指定した者がいない場合は「慣習」にしたがう

第3順位：被相続人が指定した者がなく、慣習も明らかでない場合は家庭裁判所の判決で決める

　祭祀財産は被相続人が指定した人が最優先で引き継ぐことになります。指定方法はとくに決められておらず口頭でもよいのですが、証拠が残らないので遺言書を含めた書面で行うのが通常です。

　昭一さんはせっかく遺言書を残したのですから、お墓の引継ぎについても書いておくべきでした。

ここがポイント！

お墓の引継ぎでモメると根深いものとなる。お墓を所有している人は遺言で祭祀主宰者を指定しておくこと。

2-20

「貸金庫」はありますか？

被相続人の貸金庫の開扉や、
内容物の取出しなどで思わぬ苦労をすることがあります。

▶ トラブルケース ▶▶▶

遺言執行者なのに貸金庫を開けてもらえなかった

　高田ひな子さん（58歳）は、父・慶彦さん（享年88歳）を3か月前に亡くしました。幸い、慶彦さんはひな子さんを遺言執行者とする遺言書を残してくれていました。そこで、ひな子さんは慶彦さんの貸金庫の内容物を取り出すためにA銀行を訪れました。

　遺言書を提示して「私が遺言執行者に指定されているので貸金庫の内容物を取出しに伺いました」と行員に告げると、「申し訳ございませんが、貸金庫の内容物を取り出すには、『内容物を取り出すことに合意する』というご承諾を相続人全員の方から頂くことになっております」と言うではありませんか。

　相続人全員から承諾をもらうにはかなりの手間がかかりそうです。ひな子さんは頭を抱えてしまいました。

● トラブルを避けるにはどうすればよかった？

　貸金庫には現金や金など財産的価値が高いものや遺言書や契約書など重要な書類が預けられている高い可能性があります。このようなものがあった場合、遺産分割協議や遺言執行に影響を及ぼすことになります。

　そのため、相続人の1人や遺言執行者に内容物の取出しを認めたら、銀行は他の相続人から「なぜ、相続人全員の承諾がないのに取

穴埋め式 遺言書テンプレート

貸金庫の開扉等を行いやすくしたいとき

第（　）条　遺言者は、この遺言の遺言執行者として次の者を指定する。

住所　（　　　　　　　　　　　　　　　　）

職業　（　　　　　　　　　　　　　）

氏名　（　　　　　　　　　　　　　）

生年月日　（　　年　月　日生）

２．遺言執行者は、〇〇〇〇銀行□□支店の貸金庫（番号：××－××××）を単独で開扉・名義変更・解約でき、並びに貸金庫の内容物の取出しも行う権限を有するものとする。

出しを認めたのだ」とクレームを付けられる可能性が否定できません。そのため、銀行は貸金庫の内容物の取出しには慎重な態度で臨むのです。

　したがって、貸金庫がある場合は、貸金庫を特定したうえで、遺言執行者に貸金庫の開扉・内容物の取出し等の権限を与える旨を明記しておきましょう。そうしておけば、銀行は安心できるので要求に応じるはずです。

ここがポイント！

貸金庫を銀行から借りている場合は、遺言執行者に貸金庫の開扉・内容物の取出し等の権限を与える旨を明記しておくこと。

財産を「割合」で残したいですか？

特定の財産を特定の人に指定するのではなく、
財産を割合で相続させることもできます。

▶ トラブルケース ▷▷▷

遺言の内容を決めきれずに亡くなって遺産分割協議が進まない

　林田義男さん（74歳）の家族は妻・良子さん（70歳）と子ども2人です。

　義男さんは最近、遺言書を残そうと考えはじめました。義男さんは教育熱心なあまり息子2人に対して厳しく接してきましたが、その反動で、2人の息子達は大学卒業後、まったく家に寄りつかなくなってしまったからです。

　「この状況では遺産分けの話合いは難しいな…」と考えた義男さんは、遺言の案を練ることにしました。自宅の土地・建物を妻・良子さんに相続させることはすぐに決めました。しかし、銀行5行の預金と10の株式銘柄については、どの金融資産を誰に引き継がせるのがよいのか、あれこれ考え出すと決められなくなってしまいました。

　結局、義男さんは遺言を残そうと考え出したものの、残さずに亡くなってしまいました。案の定、長男は葬儀には出席したものの「親父の遺産分けには興味がないので好きなようにしていいよ」と良子さんに告げて、遺産分割協議に参加しようとしません。次男にいたっては葬儀にも参加しないし、長男同様に遺産分割協議に参加しようとしません。

　良子さんは、遺産分割協議がいっこうに進まないため、不動産の

120

穴埋め式 遺言書テンプレート

財産を「割合」で残すとき

（1）全財産を割合で相続させる場合

第（　）条　遺言者は、遺言者所有の全ての財産を、
（続柄）（　氏名　）（　年　月　日生）に（　）
分の（　）、（続柄）（　氏名　）（　年　月　日生）
に（　）分の（　）、（続柄）（　氏名　）
（　年　月　日生）に（　）分の（　）の割合で
相続させる。

（2）特定の財産を割合で相続させる場合

第（　）条　遺言者は、別紙財産目録記載の不動産
を、遺言者の（続柄）（　氏名　）（　年　月　日生）
及び（続柄）（　氏名　）（　年　月　日生）に、
各２分の１の割合で相続させる。

第（　）条　遺言者は、別紙財産目録記載の株式を、
（　続柄　）（　氏名　）（　年　月　日生）及び
（　続柄　）（　氏名　）（　年　月　日生）に、
株数で各２分の１の割合で相続させる。なお、端数
は（　続柄　）（　氏名　）（　年　月　日生）
に相続させる。

第（　）条　遺言者は、前２条の財産を除く遺言者の
有する一切の財産を、（続柄）（　氏名　）

名義変更はもとより、亡き夫の預貯金が凍結されてしまって払戻し
もできません。このままでは生活に影響が出てしまいます。良子さ
んは困り果ててしまいました。

● トラブルを避けるにはどうすればよかった？

　「自宅の土地・建物は妻に、Ａ銀行の預金は長女に」といったよ
うに、「特定の財産を特定の相続人に単独で相続させる」という遺
言ももちろん可能ですが、「特定の財産を数人の相続人に一定の割
合で相続させる」という遺言も残すことができます。

　また、主要な遺産のみを誰に相続させるか明確にしておいて、そ
の他の雑多な遺産については、一定の割合で相続させるとして遺産
の共有にとどめたまま、相続人全員の遺産分割協議に委ねるという
こともできます。「割合でもって相続させたい」と希望する人にはお
勧めの書き方です。

　義男さんは一つひとつの金融資産を相続人に割り当てて残そうと
考えて、結局悩んで遺言書を残さずに亡くなってしまいました。
「割合で残す」という選択をしていたら、細かく考え過ぎずに遺言
書を残せていたかもしれません。

ここがポイント！

割合で財産を引き継がせることもできる。全財産を割合で引き継がせ
る内容の遺言書を残した場合、その割合を基準として相続人全員で遺
産分割協議を行うことになる。

2-22

財産についての**Q**uestion

全財産を「お金」に換えて
引き継がせたいですか？

亡くなったときの債務を財産の売却によって支払い、
残った現金を相続人に引き継がせることもできます。

▶ トラブルケース ▶▶▶

自宅の引取り手がいなくて空き家になってしまった

　森田健太さん（80歳）は、3年前に妻に先立たれました。子ども
は3人いますが、全員独立して家庭を持っています。おもな財産は
築50年の自宅と土地、それに金融資産です。金融資産は家を解体処
分して、その費用をまかなっても、ある程度は残る額はあります。

　最近、空き家問題を耳にするたびに、「自分の家もそうなってし
まうのではないか…」と不安を覚えるようになってきました。そこ
で、3人の子ども達にそれとなく、「自分の死後に家を引き継いで
くれないか」と打診してみたのですが、全員、「いらない」と言って
取りつく島もありませんでした。

　そうこうしているうちに、森田さんは亡くなりました。残された
実家は、森田さんが亡くなって3年経った今でも、子ども達は「い
らない」と押し付け合っていて、空き家となったままです。

● トラブルを避けるにはどうすればよかった？

　死後に不動産等の財産を売却したり預貯金を払戻ししたりし、財
産を換価（お金に換える）して、死亡時点での債務（入院費用等）
をその換価したお金（換価金）で清算し、残ったお金を相続人に分
配して、「スッキリと相続を終わらせたい」という人もいます。

処分清算型遺言を書きたいとき

第（　）条　遺言者は、第（　）条記載の遺言執行者
　　　において、遺言者の有する財産の全部を換価さ
　　　せ、その換価金から遺言者の一切の債務を弁済
　　　し、かつ、遺言の執行に関する費用を控除した残
　　　金を、次のとおり相続させる。
　　　（続柄）（　　　氏名　　　）（　　　年　月　日生）
　　　に（　　　）分の（　　　）
　　　（続柄）（　　　氏名　　　）（　　　年　月　日生）
　　　に（　　　）分の（　　　）
　　　（続柄）（　　　氏名　　　）（　　　年　月　日生）
　　　に（　　　）分の（　　　）
第（　）条　遺言者は、この遺言の遺言執行者として
　　　次の者を指定する。
　　　住所（　　　　　　　　　　　　　　　　　　）
　　　職業（　　　　　　　　　　　）
　　　氏名（　　　　　　　　　　　）
　　　生年月日（　　　年　　月　　日生）
　　2　遺言執行者は、換価のための不動産の売却によ
　　る換価処分及び登記手続き並びに遺言者名義の預貯
　　金等金融資産の名義変更・払戻し・解約、債務の弁
　　済、貸金庫の開扉・内容物の取出し等その他この遺
　　言の執行に必要な一切の行為をする権限を有する。

処分清算型遺言の執行手続きの流れ

> 財産をすべて換価する

▽

> 換価金から遺言者（被相続人）の
> いっさいの債務および遺言執行に要した費用を支払う

▽

> 残金を割合で引き継ぐ

　このような人にお勧めなのが、財産を処分して債務を清算し、残ったお金を分配する「**処分清算型**」の遺言です。

　処分清算型の遺言を執行するには、不動産の売却、相続預貯金の払戻手続きなど手間のかかる執行手続きが伴うので、必ず遺言執行者を指定するようにしましょう。

　森田さんは子どもの誰か1人に対して、家を含めた処分清算型の遺言書を残しておいたほうがよかったのです。指定された子どもは家の処分等で大変かもしれませんが、最終的にはプラスの財産が残るのであれば、遺言の内容を実現して、自宅を空き家にすることを回避できたでしょう。

ここがポイント！

遺言で、全財産を売却等でお金に換えて、そのお金で債務を清算し、残ったお金を分配させることができる。

2-23

「日付」を"特別な日"に
したいですか？

遺言書の「日付」は、相続では重要な役割を果たします。

▮ トラブルケース ▶▶▶

遺言書の日付を「大安吉日」としたために無効に

　阿達信一郎さん（80歳）は、自他ともに認める愛妻家です。結婚50周年を迎える今年、「もう50年か…。私も歳だし、佳恵（妻・72歳）に遺言書を残しておこう。うちには子どもがいないし、私が死んだら兄弟姉妹も相続人になって厄介だしな。今日は大安吉日だし縁起もいい！」と思い立ち、「妻の佳恵に全財産を相続させる」と書いて「令和6年2月大安吉日」と日付を書きました。

　遺言書を残した翌月、信一郎さんは突然この世を去ってしまいました。ある朝、佳恵さんが信一郎さんを起こしに行くとベッドで冷たくなっていたのです。悲嘆にくれる日々を送っていた佳恵さんでしたが、「いつまでもくよくよしていたら主人が悲しむわ。遺言書を残してくれたのだから手続きをしましょう」と思い、家庭裁判所に検認の申立てをしたあとに、銀行に払戻手続きに行きました。

　しかし遺言書を見た行員に、「日付が『令和6年2月大安吉日』と書かれていますね。令和6年2月には大安が5日あるのです。遺言書を残された日が特定できないと無効となり払い戻しいたしかねます」と言われてしまいました。

● トラブルを避けるにはどうすればよかった？

　遺言者の遺言能力の有無を判定したり、内容が異なる複数の遺言

穴埋め式 遺言書テンプレート
日付を書くとき

※遺言書を作成した日の年月日を書くこと。なお、年は元号・西暦のいずれでも構わない。

書が出てきた場合の「先後」を確定したりする際の基準として、日付は重要な役割を果たします。そのため、日付は「年月日」まで正確に自書しなければなりません。

　したがって、「令和○年○月大安吉日」といった「吉日遺言」は、日の特定ができないので遺言は無効になります。また「第30回目の結婚記念日」といった表記も一見、特定できるように思えますが、結婚記念日が結婚式を挙げた日なのか婚姻届を役所に届け出た日なのか判断が分かれないとも限らないので、お勧めできません。

　一方で、年月日は特定できればよいので、「第78回目の誕生日」「2024年の文化の日」などの記載でも構いません。しかし、通常は年月日を書きます。なお、「年」は、元号でも西暦でも構いません。

ここがポイント！

日付は奇をてらわずに、「年月日」をきちんと書いておけば、あとでトラブルにならない。

「本名」以外の芸名や
ペンネームで書きたいですか？

遺言書に書く氏名は、戸籍謄本に記載されている
「本名」以外のペンネームや芸名でもよいのでしょうか？

トラブルケース ▶▶▶

遺言書にペンネームを使ってしまい手続きが困難に

　北田慶一さん（50歳）の父・北田慶吾さん（享年83歳）は、「南田慶吾」というペンネームの推理小説家でした。何冊かベストセラーも出しましたが10数年前に「もう書き尽くした」といって筆をおいてしまいました。慶吾さんは亡くなる1年前に遺言書を書いて長男・慶一さんに託しました。遺言書には「南田慶吾」とペンネームで氏名が書かれていました。

　慶一さんは慶吾さんの四十九日の法要に、母・小百合さん（79歳）と弟・健介さん（47歳）に遺言書を見せました。そこには、「自宅は妻に、金融資産は相続人3人に3分の1ずつ、その他の財産はすべて妻に相続させる」と書かれていました。

　それを見た健介さんが、「内容は問題ないけど、名前がペンネームで本名じゃないからまずいんじゃないの？」と言い出しました。

　慶一さんは「たしかに遺言書のような法律文書に、昔売れたからといってペンネームじゃまずいよな…」と遺言書が無効になるのではないかと不安になってしまいました。

● トラブルを避けるにはどうすればよかった？

　自筆証書遺言で氏名の自書を要求している目的は、「筆跡の特徴

穴埋め式 遺言書テンプレート
氏名を書くとき

※氏名は戸籍謄本に記載されているとおりに書くこと。旧字の場合はそのとおりに書くこと。

は簡単に他人の模倣を許さない」という性質から、遺言者本人を明らかにして遺言の内容が本人の真意であることを明確にするためです。

　したがって、遺言者の同一性が確認さえできれば、通称・雅号・ペンネーム・芸名・屋号などでも構わないということになります。

　しかし、これらの名称がかなりの人に知れわたっていれば別ですが、そうでなければ同一性を認めるのは困難を伴うことが予想されます。その結果、遺言としては有効であっても、銀行の払戻手続きや相続登記など遺言執行が難航するおそれがあります。

　遺言の内容をすみやかに実現するためにも、慶吾さんは氏名を戸籍に書かれているとおりに書いておくべきでした。

ここがポイント！
氏名は戸籍に掲載されているとおりに自書しておいたほうが、さまざまな手続きでトラブルにならない。

2-25

遺言書も「ハンコ無し」に しようと思っていますか？

デジタル化が加速している昨今ですが、
遺言書も"脱ハンコ"でよいのでしょうか。

▶ トラブルケース ▶▶▶

印を押し忘れて遺言書が無効に

河野幸太郎さん（74歳）は、遺言書を書き上げましたが「今は"脱ハンコ"だよな。遺言書もハンコ無しでいいだろう」と思い、押印しないで遺言書を封に入れて書斎の机の引出しにしまいました。

遺言書を残してから3年後、幸太郎さんは亡くなりました。長女の幸恵さん（48歳）が遺品整理をしていると「遺言書」と書いてある封書を発見しました。そこで、家庭裁判所で検認の申立てを行ったところ、「印が押されていない」ことが判明しました。

幸恵さんは「たしか自筆証書遺言にはハンコを押さないといけなかったんじゃないかしら」と思いましたが、「ハンコくらいなくても何とかなるでしょう」と銀行に払戻手続きのために訪れました。

しかし行員から「押印のない遺言書では払戻しができません」と言われてしまいました。幸恵さんは亡父に向かって、「ハンコくらい押しておいてよ！」と心の中で愚痴を言うしかありませんでした。

● トラブルを避けるにはどうすればよかった？

コロナ禍がきっかけで脱ハンコが加速していますが、押印なしの自筆証書遺言は有効でしょうか。法律では「遺言者が、その全文、日付及び氏名を自書し、これに印を押さなければならない」と規定しています。したがって、押印をしなければなりません。押印が必

穴埋め式 遺言書テンプレート
押印をするとき

※押印する印鑑の種類は決められていないが「実印」で押印するのがベスト。

要な理由は、「遺言者が誰であるか」ということと、「遺言が遺言者自らの意思から出たものである」ことを明確にするためです。

　押印に使用する印鑑は、文書の正式性・確実性を示すために用いられるので、実印（印鑑登録されている印）である必要はなく、認印や指印でも構いません。ただし、押印する目的が「遺言者が自分の意思で遺言を書いた」という事実の信ぴょう性を高めるという観点からすると、実印での押印を強くお勧めします。

　なお、花押（署名の下に、筆画を崩し簡略した字体で記すことが多い）について、判例では「押印に代えて花押を書くことによって文書を完成させるという慣行ないし法意識が存するとは認めがたい」として、押印と認めませんでした。

ここがポイント！

遺言書に限っては"脱ハンコ"は認められない。「実印」で押印するのがベスト。

2-26

「葬式の方法」を
指定しておきたいですか？

遺言書に自分のお葬式について書くことを望む人がいますが、
実現させるには"根回し"が必要です。

▶ トラブルケース ▶▶▶

葬儀の希望を詳細に書いておいたが実行されなかった

　松谷由子さん（78歳）は、自分の葬儀は好きな音楽をかけて祭壇
は真っ赤なバラで埋め尽くしてほしいと願っています。弔辞は親友
の江原由紀子さんにお願いするつもりです。"死に装束"はお気に
入りの真っ赤なドレスと決めています。

　考え出したら次々と思い浮かんできました。そこで、遺言書に
「第○条　私の葬儀は次のように執り行うこと」として葬儀の方法
を事細かに書いておきました。

　松谷さんは遺言書を残した4年後に亡くなりました。葬儀は、子
どもたちで相談して葬儀屋に頼んで「松コース」で執り行いました。

　葬儀が終わって数日後、子どもたちが集まって遺品整理をしてい
ると、書斎の引出しから遺言書が出てきました。そこには「財産は
子どもたちで均等に分け合うように」と書かれていたほかに、葬儀
の方法が詳細に書かれているではありませんか。その内容は、実際
に行われた内容とは似ても似つかぬものでした。

　子どもたちの間で「希望は叶えてあげたいけど、もう一度葬式を
するわけにもいかないし…」と気まずさが漂ってしまいました。

● トラブルを避けるにはどうすればよかった？

　葬式の内容については、法律で定められた遺言事項に含まれてい

穴埋め式 遺言書テンプレート

葬儀の方法を付言として書くとき

付　言

（　氏名[※]　）（　氏名[※]　）（　氏名[※]　）へ

すでにお伝えしましたが、私の葬儀は次のように執り行ってください。

（　　　希望する葬儀の方法を記載する　　　）

無理のない範囲で構わないので最後の願いとして聞き届けてください。よろしくお願いします。

※相続人や遺言執行者の名前を記す。

ません。したがって、遺言書どおりの葬儀をする義務はありませんが、「できるだけ叶えてあげたい」というのが遺族の心情でしょう。

　そこで、遺言書の本文のあとに、「付言」として書くとよいでしょう。付言には法的効力はありませんが、相続人等に思いの強さを訴えることができるので、その内容を実現できる可能性を高まります。

　ただし、通常は葬儀は死亡から数日後に行われるので、遺言執行者や相続人に葬儀の希望方法をあらかじめ伝えておくことが肝心です。

ここがポイント！

葬儀の方法を遺言書に書いても法的効果はない。希望を付言として遺言に書き、その内容を遺言執行者や相続人に申送りしておくこと。

財産を「寄付」することを考えていますか?

遺言で寄付もできますが、注意しないと「寄付できない」といった
事態に陥ってしまうことがあります。

トラブルケース ▶▶▶

遺産を野球部に寄付したかったがのちに廃部になった

　塚本真也(77歳)さんは、母校LP学院の野球部の花形選手として甲子園に出場しました。近年、母校は低迷を続け、県予選の初戦で敗退してしまうこともあります。「母校復活の力になりたい…」と考えた末、死後に野球部に500万円を寄付することを決めて、遺言にその旨を記しました。そして、遺言書を残してから3年後に亡くなりました。

　遺言書を託された長男・真一さん(52歳)はその内容を見て顔をしかめました。LP学院の野球部は半年前に廃部となっていたのです。「野球部は廃部になってしまったし、500万円はどうしたらよいのだろうか…」と真一さんは困ってしまいました。

● トラブルを避けるにはどうすればよかった?

　寄付をしたい団体がユニセフ、日本赤十字、国境なき医師団など、解散することがほぼない団体であれば、トラブルケースのようなことはまずないでしょう。しかし、そうでなければ、寄付を希望する団体が解散などで消滅してしまったり、遺贈を断られたりした場合を想定して、予備的遺言(60、93ページ参照)を残しておくべきでしょう。

　なお、土地・建物等の不動産も寄付の対象にはなりますが、通

穴埋め式 遺言書テンプレート

寄付に予備的遺言を付けたいとき

第（　）条　遺言者は、金（　　　　　　　　）円を
（　　寄付先の名称・A　　）（住所：
電話番号：　　　　　　　　　　）に遺贈する。

2.（　　　　A　　　　）が遺言者の死亡時に解
散または遺贈を放棄したため遺贈ができない場
合は、同金額を（　　寄付先の名称・B　　）
（住所：　　　　電話番号：　　　　　）に
遺贈する。

3.（　　寄付先の名称・B　　）も遺言者の死亡時
に解散または遺贈を放棄したため遺贈ができな
い場合は、同金額を相続人全員に法定相続分の
割合で相続させる。

常、承継した団体が売却して換価する必要が生じるので、一般的に
金銭を寄付するのが喜ばれるようです。
　真也さんは野球部が廃部になってしまうとは夢にも思わなかった
でしょうが、万一に備えて予備的遺言を付しておくべきでした。

ここがポイント！

遺言で寄付をする場合は、寄付する団体が消滅してしまう等で寄付で
きないことも想定した内容にしておくこと。

「条件付き」で財産を残したいですか？

遺言に「何かをしたら財産を渡す」などの
「条件」を付けて財産を残すことができます。

▶▶▶ トラブルケース

妻の面倒をみることを条件に遺言を残したが子どもが実行しない

山上栄一さん（89歳）は、妻・愛子さん（82歳）と次男・修治さん（59歳）の3人で同居しています。長男の修一さん（61歳）は子どもたちが独立したので昨年早期退職して、妻と2人暮らしをしています。

栄一さんの気がかりは、最近愛子さんに認知症の症状が出はじめたことです。「自分が死んだあとは修治に愛子の世話をしてもらおう。修治は独身だし、この家とある程度の金を残せば納得するだろう」と考え、2人の子どもにそのことを伝えたところ、2人とも「いいよ」と承知してくれました。

そこで、金融資産の5分の1を修一さんに、自宅を含むその他すべての財産を修治さんに相続させる内容の遺言書を残しました。なお、遺言執行者には修一さんを指定しました。

遺言書を残してから2年後、栄一さんは亡くなりました。修一さんは直ちに遺言を執行し、遺言書の内容は実現しました。ところが、修治さんは愛子さんの世話をほとんどすることはなく、修一さんが「親父が修治にこの家と多めの財産を残したのは、お前がお袋の面倒をみると約束したからじゃないか」と言っても、「そんな約束はした覚えがない」ととぼける始末です。

栄一さんは修治さんが約束を守るようにするために、どのように

穴埋め式 遺言書テンプレート

負担付き遺言を書きたいとき

> 第（ ）条　遺言者は、遺言者の有する次の財産を、
> 遺言者の（続柄）（　　　　　相続人・A　　　　　　）
> （　　年　月　日生　）に相続させる。ただし、
> （　　A　　）は、次の財産を相続することの負担
> として、遺言者の（続柄）（　　　B　　　）が死
> 亡するまで（「同人と同居、同人を看護、同人を扶
> 養」等の条件を書く）しなければならない。

遺言書を書いておくべきだったのでしょうか。

● トラブルを避けるにはどうすればよかった？

　栄一さんが修治さんに多めの遺産を残したのは「自分の死後に妻の面倒をみる」ことが条件でした。したがって、この条件も遺言書に明記すべきでした。

　このように、負担（妻の世話）を履行することを条件に財産を残すといったような、財産を受け取る人に一定の義務を課す遺言を「**負担付き遺言**」といいます。

　負担付き遺言によって財産を相続した相続人が、その負担した義務を履行しないときは、他の相続人は、相当の期間を定めてその履行の催促をすることができます。そして、その期間内に履行がないときは、その遺言の取消しを家庭裁判所に請求することができます。

ここがポイント！

条件付きで財産を引き継がせる場合は、「負担付き遺言」にすること。

2-29

「遺言執行者」は 1人だけにしていますか？

遺言執行者は遺言内容を実現するキーマンです。あまり知られてはいませんが、実は遺言執行者の指定には"落し穴"があります。

トラブルケース ▶▶▶

遺言執行時に、遺言執行者が認知症を発症していた

　岸本文也さん（82歳）は、お隣の麻生さんの家が空き家になったのは、遺産分割協議でモメて亡くなってから3年経った今でも所有者が決まらないことが原因だということを知りました。そこで、「いつかは残そう」と思っていた遺言書を書くことを決心しました。

　財産の残し方を書き終えて、「そうだ！　遺言執行者を指定したほうがいいと本に書いてあったな。遺言の内容を実現してくれる人らしいから責任感の強い人がいいな！」と考え、真っ先に思い浮かんだ会社の元部下・松野一博さん（75歳）を遺言執行者に指定することにしました。

　松野さんに電話で頼んでみると「私でよろしければ務めさせていただきます」と快諾してくれました。ちなみに、松野さんは昨年遺言書を残して長女を遺言執行者に指定したとのことでした。そして、書き上げた遺言書を封印して松野さんに託しました。

　それから3年後、岸本さんは亡くなりました。長男・正太郎さんは父・文也さんから生前に「私が死んだら松野君に連絡しなさい。彼を遺言執行者に指定したからすぐに手続きしてくれるよ」と申し送りをされていたので、さっそく電話をしました。

　松野さんの妻が電話に出たので、「父が亡くなったので松野さん

穴埋め式 遺言書テンプレート

万一の事態に備えた遺言執行者を指定するとき

第（　）条　遺言者は、本遺言の遺言執行者として、次の者を指定する。[1]

住　　所（　　　　　　　　　　　　　　　）

職　　業（　　　　　　　　　　）

氏　　名（　　　　　　　　　　）

生年月日（　　　年　　月　　日）

住　　所（　　　　　　　　　　　　　　　）

職　　業（　　　　　　　　　　）

氏　　名（　　　　　　　　　　）

生年月日（　　　年　　月　　日）

なお、上記遺言執行者らは、それぞれ単独で本遺言を執行することができる。[2]

2　遺言執行者は、本遺言に基づく不動産に関する登記手続き並びに貸金庫の開扉・解約、内容物の引取り、預貯金の解約・払戻し・新規口座の設定・相続人への名義変更、動産その他財産の売却等の処分（廃棄を含む）、債務・費用の支払など本遺言の執行に必要な全ての行為をすることができる。[3]

※1：遺言執行者には、相続人または受遺者（遺言によって財産を受け取る者）のうちから選任しても構わない。
※2：複数の遺言執行者を指定した場合は、「単独で執行できる」と明記すること。この記載がないと、執行者の過半数（たとえば、2名指定した場合は2名）で執行業務を行わなければな

※3：このような文言がなくても、法によって遺言執行者には遺言の執行に必要なすべての行為を
　　する権限があるが、遺言執行に伴う行為を明記することでより執行をスムーズに行えること
　　が期待できる。
※4：遺言執行には手間がかかり相当な時間を要することが常。そこで、遺言書に「遺言執行者に
　　報酬として遺産の〇パーセントを支払う」のように遺言執行者の報酬を記載することもできる。

に遺言の執行をお願いしたいのですが」と伝えると、申し訳なさそ
うに「実は、１年ほど前から認知症を発症してしまって私のことも
わからない状態なんです。申し訳ございませんが辞退させていただ
きます。岸本さんからお預りした遺言書は私の手元にあるのでお返
しします」と言われてしまいました。正太郎さんは想定外の事態に
これからどうしたらよいのか困ってしまいました。

● トラブルを避けるにはどうすればよかった？

　遺言執行者が指定されていれば、たとえば相続人の協力がなくて
も遺言執行者が１人（単独）で金融機関の相続預貯金の払戻手続き
ができるなど、遺言執行手続きをスムーズに行うことができます。

　一方、遺言執行者が指定されていないと、金融機関所定の届出書
に相続人全員の署名押印を求められる場合があるなど、執行に手間
がかかるおそれがあります。

　そこで、遺言書には遺言執行者を書いておくべきなのですが、当
然、遺言者が亡くなったときに生存していて、しかも遺言執行を行
える状態でなければなりません。そこで、次の３つを基準にして選
任するようにします。この基準で選定すれば、遺言書の内容は遺言
執行者によって、すみやかに実現できるはずです。

遺言執行者の３つの選定基準

（１）自分より年下で健康な人

（２）責任感の強い人

（３）自分より先に死亡したり遺言執行時に何らかの事情で執行

　ができなかったりする「万一」の事態に備えて、以上の条件に合った人を２名以上選んでおく

　岸本さんは自分より年下で責任感の強い松野さんを遺言執行者に指定したまではよかったのですが、もう一歩踏み込んで、たとえば長男・正太郎さんなど、もう１人を遺言執行者にしておくべきでした。

ここがポイント！

遺言執行は遺言者が死亡後に行われる。そこで、遺言書を残してから執行されるまでの間に執行者の死亡等、想定外の事態への対策として、複数の遺言執行者を指定しておくこと。なお、その場合、執行者それぞれが「単独執行」できることを書いておくこと。

2-30

「遺留分」を考慮しましたか？

法定相続分より著しく少ない割合で遺産を相続させる遺言は、
その相続人から遺留分を請求される場合があります。

トラブルケース ▶▶▶

遺言書がきっかけで姉妹の仲が疎遠になってしまった

山川静子さん（72歳）は、昨年、夫を亡くしました。夫の相続人は妻・静子さんのほかに長女・加奈さん（46歳）と、次女・沙也加さん（43歳）の2人でした。3人で話し合った結果、全財産を静子さんが相続することで収まりました。

実は、静子さんは自分の相続で悩みを抱えています。それは、2人の娘に今までしてあげたことにかなり格差があることです。加奈さんには大学院まで出させたうえに海外留学までさせました。一方、沙也加さんは高校卒業までの学費しか出していません。ほかにも2人の子育てを振り返ってみると、加奈さんには新品の服を買ってあげたが沙也加さんには加奈さんのお古で我慢させてきたなど、いくつも思い当たることが出てきました。

そこで、静子さんは2人の今までの格差を相続で穴埋めするため、次女の沙也加さんにほとんどの財産を残す遺言を書きました。

静子さんは「この内容だと加奈は遺留分（法定相続分の4分の1）を下回ってしまうけど、今までの経緯を考えればきっとわかってくれるはずだわ」と思い、とくに遺言書に理由を付することはしませんでした。そして、封印した遺言書を沙也加さんに託しました。

遺言書を残した3年後に静子さんは亡くなりました。遺言書を託

穴埋め式 遺言書テンプレート

付言で遺留分侵害額請求権の請求を
やめさせたいとき

> 付　言
>
> （　A・相続人の氏名　）、（　B・相続人の氏名　）、
> （　C・相続人の氏名　）へ
>
> 　私は、この遺言を考えに考えた末に残しました。ど
> うか私の気持ちを汲んで、遺留分侵害額の請求などせ
> ずに、私が悲しむような争いごとなどなきよう、兄弟
> 姉妹が末永く仲良くしてくれることを心から切に願っ
> ています。今まで本当にありがとう。

された沙也加さんは家庭裁判所で検認の手続きをして、自分にほとんどの財産が相続されることを知りました。遺言書を姉の加奈さんに見せると「ずいぶん私の分が少ないわね」と言ったきり黙り込んでしまいました。それ以来、姉妹の仲は疎遠になってしまいました。

　母がなぜ妹にほとんどの財産を相続させる遺言書を残したのか、その真意が測りかねる加奈さんは、遺留分侵害額請求権を妹に対して行使しようか迷っている毎日です。

● トラブルを避けるにはどうすればよかった？

　遺言書は法定相続分を無視して作成しても有効でしょうか。一応、その答えは有効です。遺言書は、法定相続人の法定相続分をまったく無視して作成しても一応は有効です。ここで、「一応」とか「原則」とかいっているのは、理由があります。

法定相続分を無視した遺言書を残しても、法的には有効ですが、遺言者が死亡して遺言の効力が発生したあと、法定相続分を無視された相続人から、一定限度で相続分の取戻しを請求できる制度があります。これを「**遺留分**」といいます。遺留分は、相続人にとっての「相続の最低保証分」といえます（46ページ参照）。

　遺留分を侵害された相続人は、遺留分を侵害した相続人に対して遺留分相当額の金銭を請求できます。この権利を「**遺留分侵害額請求権**」といいます。

　しかし、遺留分相当額がいくらになるのか決めることは、そう簡単ではありません。であれば、遺留分を侵害しない遺言書を書けばよいのですが、遺言者としては「全財産をどうしても妻に残したい」など様々な思いや事情があるでしょう。

　そこで、遺留分を侵害している遺言書を残した場合、そのような遺言書を残した理由とともに「遺留分侵害額請求権は行使しないでほしい」と付言に書くことで、遺留分侵害額請求権の行使を思いとどまらせることができる場合があります。

　静子さんは今までの2人の子どもに対する格差を考えて、次女にほとんどの財産を残す遺言を書きました。そうであれば、その理由とともに長女に遺留分侵害額請求権の行使を思いとどまらせる言葉を付言に残しておくべきでした。そうすれば、長女は納得して姉妹の仲が冷え込むことを避けられたかもしれません。

ここがポイント！

遺留分を侵害している遺言書を残した結果、自分の死後に遺留分侵害額請求権が行使されることが予測される場合は、付言で遺留分侵害額請求権を行使しないでほしい気持ちを残しておく。

第 3 章

遺言書の保管・
変更の仕方

遺言書の法的効力が発生するのは、遺言者が死亡したその瞬間からです。一般的に、遺言書を書いてから亡くなるまで、ある程度の時間があります。その間、状況の変化やどう保管しておくかの問題もあります。本章では遺言書の内容を実現するために、遺言書の保管・変更の仕方や、そのほかの大切なことについてまとめました。

遺言書は誰に託せば
よいのですか？

　前述しましたが、遺言書を残してからその内容が実現するまで、ある程度の時間がかかるのが普通です。そのため、遺言書を残してから執行されるまでの間に、遺言書がなくなったり、遺言書を見つけた人が内容を書き換えたり隠したり、はたまた破り捨ててしまったりすることもないとは言い切れません。

　また遺言者の死後、すぐに発見されずに「遺言書はなかったもの」として、遺産分割協議の合意内容で遺産が引き継がれてしまうことも実際あります。そればかりか、遺産分割協議が終わったあとに、ひょっこり遺言書が出てきて、相続人の間で「遺言書が見つかったからには遺産分割協議は無効だ！」「もう遺産分割は終わったから遺言のほうこそ無効だ！」といった紛争の火種になってしまうこともあります。

　このようなトラブルを回避するには、書き上げた遺言書を誰に託すかが重要になります。そこで、遺言書は次のいずれかの人に託すとよいでしょう。

遺言書を預けるのに適任の人
- 遺言書で遺言執行者に指定した人
- 遺言書によって財産を一番多く引き継ぐ人

　遺言執行者は、遺言者の死後に遺言の内容を実現するために、相続財産の管理その他の遺言の執行に必要ないっさいの権利義務があるので、遺言書を預けるのに適任です。

　また、遺言書によって財産を一番多く引き継ぐ人は、遺言書を大切に保管してくれることが期待できます。そして、遺言書を預けた人とは自分が死亡したことがすぐにわかるようにしておくことが必要です。

　なお、遺言書を貸金庫に預ける人がいますが、借主が死亡すると開けて内容物を取り出すのに相続人全員の署名押印を銀行から求められることがあるなど、すんなりと遺言書を取り出せなくなるおそれがあるのでお勧めできません（118ページ参照）。

　遺言書を預ける適任者がすぐに浮かばない場合は、次項で説明する法務局の自筆証書遺言書保管制度を利用するとよいでしょう。

ここがポイント！

遺言書の内容を実現するには、遺言書を誰に託すかがポイントになる。

法務局で遺言書を
預かってくれるって本当？

　遺言書を預ける適任者がいればよいのですが、見当たらない場合は、法務局（「**遺言書保管所**」）の自筆証書遺言を預かる制度（「**自筆証書遺言書保管制度**」）を利用するとよいでしょう。この制度の長所は以下のとおりです。

自筆証書遺言書保管制度の長所
①**適切な保管によって紛失や盗難、偽造や改ざんを防げる**
　法務局で、遺言書の原本と、その画像データが保管されるため、紛失や盗難のおそれがありません。また、法務局で保管するため、偽造や改ざんのおそれもありません。

②**無効遺言書になりにくい**
　民法が定める自筆証書遺言の形式に適合するかについて遺言書保管官（遺言書保管の業務を担っている法務局職員）が確認するため、外形的なチェックが受けられます。ただし、遺言書保管官は内容についての相談には応じません。
　また、保管されても遺言書の有効性を保証するものではありません。

③**相続人に発見してもらいやすくなる**
　遺言者が亡くなったときに、あらかじめ指定された方へ遺言書

が法務局に保管されていることを通知してもらえます。

　この通知は、遺言者があらかじめ希望した場合に限り実施されるもので、遺言書保管官が、遺言者の死亡の事実を確認したときに実施されます。これにより、遺言書が発見されないことを防ぎ、遺言書に沿った遺産相続を行うことができます。

④検認手続きが不要になる

　自筆証書遺言は遺言者の死後、家庭裁判所で検認を受ける必要がありますが、自筆証書遺言書保管制度を利用した場合、検認が免除されます。

　自筆証書遺言書保管制度を利用する場合は、「住所地」「本籍地」「所有する不動産の所在地」のいずれかの遺言書保管所に申請します。くわしく知りたい人は、申請先の遺言書保管所に問い合わせてみましょう。

ここがポイント！

自筆証書遺言は、法務局（遺言書保管所）に預けることができる。申請先の遺言書保管所に問い合わせるとよい。

遺言書に書いた不動産を
あとから売却してもよい？

　たとえば、「長男に自宅の土地と建物を相続させる」といった内容の遺言書を残したとします。遺言書を書いたときはそのつもりでも、月日が流れれば事情が変わって、長男に相続させるつもりだった土地・建物を売却して、それで得た利益で介護付きマンションを購入して転居するということもあるでしょう。

　では、遺言書に「長男に自宅の土地と建物を相続させる」と書いておいたのに、あとで売却してもよいのでしょうか。答えは、売却可能です。また、「相続させる」とした相手の長男の承諾も必要ありません。

　遺言は相手方のいない単独行為です。つまり、遺言に書かれた内容は、遺言者が相手の意思に関係なく一方的に決めたことです。しかも、遺言書の内容は遺言者の死亡まで法的効力が発生しません（46ページ参照）。そこで、法律では「遺言者はいつでも遺言の全部または一部を撤回（注）することができる」としています。

　なお、撤回することができるのは遺言者本人だけです。第三者や相続人が代理人として遺言者が残した遺言を撤回することは認められません。

　自筆証書遺言を撤回する場合は、手元にある場合はシュレッダー

注：撤回とは、完全に有効な行為を将来に向かってのみ効力を失わせること。

遺言の撤回の方法

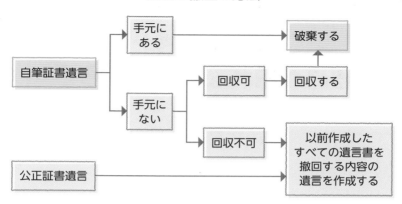

・撤回する場合の遺言文例

第○条　遺言者は、本日以前に作成したすべての
　　　　遺言を撤回する。

にかけるなどして破棄しましょう。また、遺言執行者などに預けて
いる場合は回収して同様に破棄しましょう。

　もし回収不可能な場合は、「以前残した遺言はすべて撤回する」
という内容の遺言書を残しましょう。

　また、公正証書遺言を撤回する場合も同様に、撤回する旨の遺言
書を残しましょう。その場合、自筆証書遺言で撤回しても構いませ
んが、できれば、公正証書遺言を作成した公証役場で遺言撤回の遺
言書を残すことをお勧めします。

ここがポイント！

遺言書に書いた内容に反する行為を行っても問題はない。ただし、そ
の場合は遺言書を破棄するか、遺言を撤回する旨の遺言を残すこと。

遺言執行者と
連絡が取れなくなったら？

　遺言執行者は遺言の内容を実現するためのキーマンです。そのため、いざというとき、つまり遺言者が死亡したときに、すぐに連絡できる関係性をキープしておくことが大事です。

　もし、遺言執行者を1名しか指定しておらず、遺言執行者と連絡が取れなくなったら遺言執行者が不在の遺言書になってしまいます。そうなると、遺言執行がすみやかにできなくなってしまいます。このようなときには、ただちに遺言執行者を変更しましょう。

　遺言執行者の指定のみを撤回して、新たな遺言執行者を指定する方法もありますが、複数の遺言書が出てくると複雑な法律関係になってしまうので、遺言書のすべてを撤回して新たに書き直すことをお勧めします。

　なお、遺言執行者と連絡が取れなくなったり、遺言執行者が病気や遺言者より先に死亡するなどで遺言執行ができなくなることを想定し、複数の遺言執行者を指定しておくこともできます（138ページ参照）。

ここがポイント！

遺言執行者と音信不通になってしまったら、遺言執行者を変更する遺言を作成すること。そうした事態を想定して、複数の遺言執行者を指定しておくとよい。ただし「単独で執行できる」と書いておくこと。

3-5

財産を残す人が消息不明になったら？

　遺言書に「△△に○○を相続させる」「△△に○○を遺贈する」と書いておいたのに、引き継がせようとした人と音信不通になってしまったらどうしたらよいでしょうか。

　遺言者が死亡すると遺言の効力が発生します。そして、遺言で財産を引き継ぐとされた人に対して、財産を引き渡す手続きを行います。当然、引き渡す相手と連絡がつかなければ引き渡しようがありません。消息を調査するのも時間を要しますし、調査したあげく消息不明となれば引き継がせる予定だった財産が宙に浮いてしまいます。こうなると、遺言執行が暗礁に乗り上げてしまいます。

　そこで、財産を引き継がせようとした人と音信不通になって、調べてみても消息不明だったら、遺言を撤回して、消息不明の人を除いて新たに遺言書を作成しましょう。

ここがポイント！

遺言で財産を引き継がせようとした人の消息が不明になったら、遺言を撤回して新たに遺言書を作成し直すこと。

3-6

人間関係がギクシャクして
しまったらどうする？

　通常は、遺言で財産を残すとした人とは良好な人間関係にあります。しかし、人間関係はデリケートです。遺言書を書いた時点では良好な関係でも、些細なことがきっかけで関係性が悪化してしまうことは珍しくありません。

　関係性が悪化したあとも遺言書をそのままにしておいたら、死亡後に遺言が執行されて、仲が悪い人に遺産が引き継がれることになります。これでは自らの希望がかなったとはいえません。

　そこで、このような関係性になってしまったら遺言を撤回しましょう。なお、遺言の撤回については、「3-3　遺言書に書いた不動産をあとから売却してもよい？」（150ページ参照）で説明していますのでご参照ください。

ここがポイント！

遺言で財産を残すとした人との関係が悪化してしまったら、遺言を撤回して新たな遺言書に作成し直すこと。

トラブルにならない自筆証書遺言チェックシート

　知識の整理に役立つチェックシートを用意しました。次ページから始まるチェックシートは自筆証書遺言の作成の順序に則って7つのSTEPに分かれています。遺言書の内容を死後に確実に実現させるために、遺言を書き上げたとき、遺言書の保管方法、遺言書のアフターフォローなどの確認にご活用ください。

　各項目の「はい」のボックスにチェックが入れば問題はありません。もし、「いいえ」にチェックした場合は、「確認ページ」をご覧になって「はい」になるように改善してください。

チェックシートの7つのSTEP

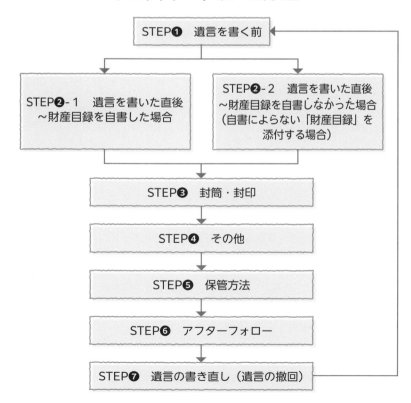

STEP❶ 遺言を書く前のチェックリスト

No	項目	質　問	チェック	確認ページ
1	遺言能力	遺言能力はありますか？	□はい □いいえ	42ページ
2	公序良俗	書こうとする内容は、公序良俗に反していませんか？	□はい □いいえ	44ページ
3	筆記具等	消えにくいペンまたは万年筆を用意しましたか？	□はい □いいえ	49ページ
4		変質しにくい用紙を用意しましたか？	□はい □いいえ	49ページ
5		封筒を用意しましたか？（ただし、遺言書保管所に保管する場合は不要）	□はい □いいえ	49ページ

STEP❷-1　遺言を書いた直後～財産目録を自書した場合

No	項目	質　問	チェック	確認ページ
6	自書	全文を自書しましたか？	□はい □いいえ	48、160、164ページ
7	日付	日付は書き上げた日の「年・月・日」を正確に書きましたか？	□はい □いいえ	126ページ
8	氏名	氏名は戸籍謄本のとおりに書きましたか？	□はい □いいえ	128ページ
9	印鑑	押印しましたか？ （「実印」がお勧め）	□はい □いいえ	130ページ
10	加除・変更	加除・変更をした場合、法律で決められた方法で訂正しましたか？ （原則、破棄して書き直すこと）	□はい □いいえ	56、175ページ
11	文章表現	「任せる」「委託する」「あげる」等のあいまいな表現はありませんか？	□はい □いいえ	68ページ
12		相続人には「相続させる」と書きましたか？	□はい □いいえ	68ページ
13		相続人以外の人や法人等の団体には「遺贈する」と書きましたか？	□はい □いいえ	68ページ

14	財産	お墓を持っている方は、「祭祀主宰者」を指定しましたか？	□はい □いいえ	35、116ページ
15		大切な財産や寄付する財産に「予備的遺言」を付しましたか？	□はい □いいえ	61、94、135ページ
16		土地には「地番」を書きましたか？	□はい □いいえ	98ページ
17		建物には「家屋番号」を書きましたか？	□はい □いいえ	98ページ
18		特定した財産（不動産・金融資産・自動車等）の書き間違いはありませんか？	□はい □いいえ	104、106、109、112ページ
19		貸金庫は番号等で特定しましたか？	□はい □いいえ	119ページ
20	遺言執行者	遺言執行者を指定しましたか？ （できれば2名以上）	□はい □いいえ	63、138ページ
21		遺言執行者は自分より年下で健康ですか？	□はい □いいえ	138ページ
22		遺言執行者を2名以上指定した場合、「それぞれ単独で執行できる」と書きましたか？	□はい □いいえ	138ページ
23	付言	付言に相続人を非難するような否定的な言葉を書きませんでしたか？	□はい □いいえ	86、133、143ページ
24	その他	遺言書のコピーを取りましたか？ （遺言書を封筒に入れて封印したり、遺言執行者等に預けたりした場合、内容を確認するため）	□はい □いいえ	

STEP ❷- 2　遺言を書いた直後～財産目録を自書しなかった場合
　　　　　　　（自書によらない財産目録を添付する場合）

No	項目	質　問	チェック	確認ページ
25	自書に よらない 財産目録	「本文」を自書しましたか？	□はい □いいえ	51、168、 171ページ
26		財産目録は本文と別（別紙）にしましたか？ （本文中に「自書ではない財産目録」を入れてはいけない）	□はい □いいえ	51、168、 171ページ
27		財産目録のすべての頁に署名押印しましたか？	□はい □いいえ	51、168、 171ページ
28		両面に財産目録が記載されている場合は両面に署名押印しましたか？	□はい □いいえ	51、168、 171ページ

STEP ❸　封筒・封印

No	項目	質　問	チェック	確認ページ
29	表面	表面に「遺言書」と自書しましたか？	□はい □いいえ	173ページ
30	裏面	裏面に「日付」（遺言書の日付と同日）「氏名」を書きましたか？	□はい □いいえ	174ページ
31		裏面に「検認」をするように書きましたか？	□はい □いいえ	174ページ
32	封印※	遺言書に押印した同じ印鑑で封印しましたか？	□はい □いいえ	174ページ

※法務局（遺言書保管所）に保管申請をする場合、封印は不要。

STEP ❹　その他

No	項目	質　問	チェック	確認ページ
33	共同遺言の 禁止	夫婦などの共同遺言にしていませんか？	□はい □いいえ	58、195 ページ
34	相続人以外 の遺贈	相続人以外の人に財産を残す場合に、「手掛かり」をいくつか書きましたか？	□はい □いいえ	79ページ

35	寄付	寄付について書いた場合、寄付ができないことを想定した内容を書きましたか？	□はい □いいえ	135ページ

STEP ❺　保管方法

No	項目	質　問	チェック	確認ページ
36	保管	遺言書は、①遺言執行者、②財産を一番多く受け取る人、③法務局（遺言書保管所）のいずれかに預けましたか？	□はい □いいえ	146、148ページ

STEP ❻　アフターフォロー

No	項目	質　問	チェック	確認ページ
37	受遺者	遺言で財産を残すとした人は健在ですか？	□はい □いいえ	60、153ページ
38		遺言で財産を残すとした人と連絡は取れますか。	□はい □いいえ	80、153ページ
39		遺言で財産を残すとした人との関係性は良好ですか？	□はい □いいえ	154ページ
40	遺言執行者	遺言執行者と連絡は取れますか？	□はい □いいえ	152ページ
41	財産	遺言に記載した財産の変動（不動産の売却、金融資産の口座解約等）はありませんか？	□はい □いいえ	150ページ

STEP ❼　遺言の書き直し（遺言の撤回）

No	項目	質　問	チェック	確認ページ
42	前遺言の処分	書き直す場合、前に書いた遺言書は処分しましたか？	□はい □いいえ	56、150、175ページ
43	遺言の撤回	前に書いた遺言書が回収できない場合は、遺言の冒頭に「本日以前に作成したすべての遺言を撤回する」と書きましたか？	□はい □いいえ	150ページ

チェックシートのステップ別 自筆証書遺言の作成ケース事例

156〜159ページのチェックシートの「全文自書」「自書によらない財産目録添付」「封筒・封印」「訂正」それぞれの自筆証書遺言のケース事例をご紹介します。チェックシート同様、知識の整理として、ご自身の遺言書作成の参考としてご活用ください。

ケース事例1-1 全文自書の遺言書・その1

山田太郎さんが残した自筆証書遺言をご紹介します。太郎さんは、自分の死後に妻の住まいと生活費を確保することを第一の目的としてこの遺言書を残しました。なお、相続関係は以下の図のとおりです。

遺言者　山田太郎　相続関係図

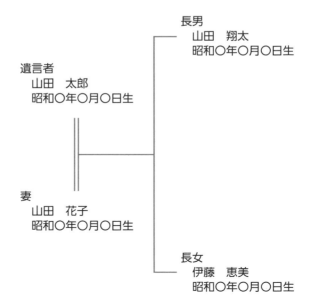

長男
山田　翔太
昭和〇年〇月〇日生

遺言者
山田　太郎
昭和〇年〇月〇日生

妻
山田　花子
昭和〇年〇月〇日生

長女
伊藤　恵美
昭和〇年〇月〇日生

遺　言　書

第1条　遺言者は、遺言者所有の下記不動産を、妻山田花子（昭和○年○月○日生）に相続させる。

記

（1）土地の表示
　所　在　○○県○○市○○町○丁目
　地　番　○○番○○
　地　目　宅地
　地　積　○○．○○平方メートル

（2）主である建物の表示
　所　　在　○○県○○市○○町○丁目
　家屋番号　○○番○○
　種　　類　居宅
　構　　造　軽量鉄骨造スレート葺2階建
　床面積　　1階　○○．○○平方メートル
　　　　　　2階　○○．○○平方メートル

第2条　遺言者は、遺言者所有の現金・下記預貯金・株式並びにその他一切の金融資産を、遺言執行者をして換価処分した後、その換価金から遺言者の一切の債務を弁済した残金を、次の者にそれぞれの割合で相続させる。
　①妻　山田花子に5分の3
　②長男　山田翔太（昭和○年○月○日生）
　　　に5分の1

③長女　伊藤恵美（昭和○年○月○日生）
　　　に５分の１

　　　　　　　　　　記

（１）○○銀行　○○支店
　　普通預金、番号：○○○○○○○
（２）ゆうちょ銀行
　　　①通常貯金　記号番号　○○○○○-○○
　　　　○○○○○○
　　　②定額定期貯金　記号番号　○○○○○-
　　　　○○○○○○○○
（３）○○証券株式会社
　　　①種類：株式等　区分：一般　銘柄：○○
　　　　建設　○○○株
　　　②種類：株式等　区分：一般　銘柄：○○
　　　　運輸　○○○株

第３条　遺言者は、第１条及び第２条を除く遺
　　　言者所有のその他全ての財産を、妻山田花
　　　子に相続させる。

第４条　遺言者は、祖先の祭祀を主宰すべき者と
　　　して妻山田花子を指定する。

第５条　遺言者は、妻山田花子が遺言者の死亡
　　　以前に死亡した場合は、同人に相続させる
　　　とした第１条及び第３条に記載の財産を
　　　長男山田翔太に、第２条①に記載の財産
　　　を長女伊藤恵美にそれぞれ相続させる。

　　　　また、長男山田翔太を祭祀主宰者に指
　　定する。

第6条　遺言者は、本遺言の遺言執行者として、
　　　　遺言者の長男山田翔太と長女伊藤恵美の
　　　　両名を指定する。なお、両名の遺言執行者
　　　　らは、それぞれ単独で本遺言を執行するこ
　　　　とができる。

付言
花子、翔太、恵美へ
　私は、熟考の末にこの遺言書を残しました。私
の死後、この遺言の内容が速やかに実現すること
を切に願います。家族みんなの幸せと健康を心か
ら願っています。

　　　　令和○年○○月○○日
　　　　○○県○○市○○町○丁目○○番○○

　　　　遺言者　山　田　太　郎 ㊞
　　　　　　昭和○年○月○日生

※この遺言書は、遺言執行者である長男・山田翔太に託された。

ケース事例1-2 全文自書の遺言書・その2

　山田太郎さんは遺言書を残した数年後に亡くなりました。そして、遺言執行者の長男・山田翔太さんによって遺言書の内容はすみやかに実現されました。

　夫が残してくれた遺言書のおかげで円満に相続できたので、妻の花子さんも遺言書を残すことにしました。花子さんは、夫の死をきっかけに同居を始めた長男一家が自分が亡くなったあとも引き続き住み続けることを第一の目的としてこの遺言書を残しました。

遺言者　山田花子　相続関係図

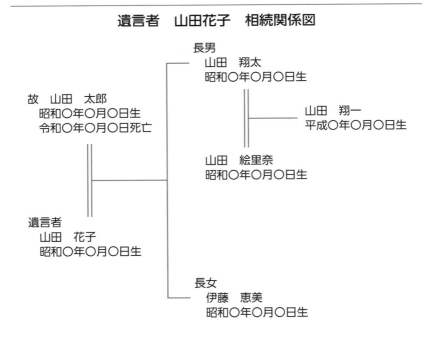

遺　言　書

第1条　遺言者は、遺言者所有の下記不動産を
　　　長男山田翔太（昭和○年○月○日生）に相
　　　続させる。

記

（1）土地の表示
　　所　在　○○県○○市○○町○丁目
　　地　番　○○番○○
　　地　目　宅地
　　地　積　○○．○○平方メートル
（2）主である建物の表示
　　所　　在　○○県○○市○○町○丁目
　　家屋番号　○○番○○
　　種　　類　居宅
　　構　　造　軽量鉄骨造スレート葺2階建
　　床面積　　1階 ○○．○○平方メートル
　　　　　　　2階 ○○．○○平方メートル

第2条　遺言者は、遺言者所有の現金及び全て
　　　の金融資産を、遺言執行者をして換価処分
　　　した後、その換価金から遺言者の一切の債
　　　務を弁済した残金を、次の者にそれぞれの
　　　割合で相続させ、又は遺贈する。
　　①長男　山田翔太に6分の1
　　②長女　伊藤恵美（昭和○年○月○日生）
　　　　　　に6分の4
　　③長男山田翔太の妻 山田絵里奈（昭和○

　　　　年〇月〇日生）に6分の1

第3条　遺言者は、第1条及び第2条を除く遺
　　　　言者所有のその他全ての財産を、長男山田
　　　　翔太に相続させる。

第4条　遺言者は、祖先の祭祀を主宰すべき者と
　　　　して長男山田翔太並びに孫山田翔一（平成
　　　　〇年〇月〇日生）を指定する。

第5条　遺言者は、長男山田翔太が遺言者の死
　　　　亡以前に死亡した場合は、同人に相続させ
　　　　るとした第1条記載の財産を孫山田翔一
　　　　に、第2条①記載の財産を山田絵里奈にそ
　　　　れぞれ相続させ又は遺贈する。

第6条　遺言者は、本遺言の遺言執行者として、
　　　　長男山田翔太と山田絵里奈の両名を指定
　　　　する。なお、遺言執行者らは、それぞれ単
　　　　独で本遺言を執行することができる。

付言
翔太、恵美そして絵里奈さんへ
　今回、翔太に土地と建物を残すと決めたのは、
翔太の家族は私と同居しているので、私が亡き後
も住み続けるのは自然であると思ったからです。
恵美にはその分多目のお金を残すことにしました。
　また、祭祀主宰者に翔太と翔一を指定した理由

は、山田家の代表としてゆくゆくは翔一がお墓を
はじめとした祭祀財産を引き継いで欲しいと願っ
ているからです。檀家としての務めなど費用や手
間がかかり大変だと思いますが、どうか私の願い
を聞き入れてください。

　絵里奈さんは日常生活のサポートから健康管
理、病院への送り迎えなど本当によくしてくれま
した。子どもたちと同様に財産を残すのはその感
謝の印です。

　これまで幾歳月の余生を送ることができたの
も、あなたたちのお陰と心から感謝しています。
私が亡くなっても今まで通り家族仲良く協力し
合って過ごしてください。本当にありがとう。

　　　　令和〇年〇〇月〇〇日
　　　　〇〇県〇〇市〇〇町〇丁目〇〇番〇〇

　　　　　　遺言者　山　田　花　子㊞
　　　　　　昭和〇年〇月〇日生

　　　　　　　〜パソコンで財産目録を作成した場合

1 遺言書本文（すべて自書しなければならないものとする）

遺 言 書

第1条　遺言者は、遺言者所有の別紙財産目録記載の不動産を、妻山田花子（昭和〇年〇月〇日生）に相続させる。

第2条　遺言者は、遺言者所有の現金・別紙財産目録記載の金融資産並びにその他一切の金融資産を、遺言執行者をして換価処分した後、その換価金から遺言者の一切の債務を弁済した残金を、次の者にそれぞれの割合で相続させる。
①妻　山田花子に5分の3
②長男　山田翔太（昭和〇年〇月〇日生）に5分の1
③長女　伊藤恵美（昭和〇年〇月〇日生）に5分の1

第3条　遺言者は、第1条及び第2条を除く遺言者所有のその他全ての財産を、遺言者の妻山田花子に相続させる。

第4条　遺言者は、祖先の祭祀を主宰すべき者として妻山田花子を指定する。

第5条　遺言者は、妻山田花子が遺言者の死亡以前に死亡した場合は、同人に相続させるとした第1条及び第3条に記載の財産を長男山田翔太に、第2条①に記載の財産を長女伊藤恵美にそれぞれ相続させる。

　　　　また、長男山田翔太を祭祀主宰者に指定する。

第6条　遺言者は、本遺言の遺言執行者として、長男山田翔太と長女伊藤恵美の両名を指定する。なお、両名の遺言執行者らは、それぞれ単独で本遺言を執行することができる。

　　　　　　令和〇年〇〇月〇〇日
　　　　　　〇〇県〇〇市〇〇町〇丁目〇〇番〇〇

　　　　　　　　遺言者　山　田　太　郎 ㊞
　　　　　　　　昭和〇年〇月〇日生

2 別紙目録（署名部分以外は自書でなくてもよいものとする）

財 産 目 録

第1 不動産
（1）土地の表示
　　所　　在　　○○県○○市○○町○丁目
　　地　　番　　○○番○○
　　地　　目　　宅地
　　地　　積　　○○.○○平方メートル
（2）主である建物の表示
　　所　　　在　　○○県○○市○○町○丁目
　　家屋番号　　○○番○○
　　種　　類　　居宅
　　構　　造　　軽量鉄骨造スレート葺2階建
　　床面積　　　1階 ○○.○○平方メートル
　　　　　　　　2階 ○○.○○平方メートル

第2 金融資産
　（1）○○銀行　　○○支店
　　　　普通預金、番号：○○○○○○○
　（2）ゆうちょ銀行
　　　①通常貯金　記号番号　○○○○○-○○○○
　　　　○○○○
　　　②定額定期貯金　記号番号　○○○○○-○○
　　　　○○○○○○
　（3）○○証券株式会社
　　　①種類：株式等　区分：一般　銘柄：○○建設
　　　　○○○株
　　　②種類：株式等　区分：一般　銘柄：○○運輸
　　　　○○○株

山田太郎 ㊞

ケース事例2-2 自書によらない「財産目録」・その2
～通帳のコピーを添付した場合

1 遺言書本文（すべて自書しなければならないものとする）

遺　言　書

第１条　遺言者は、遺言者所有の現金、別紙財産
　　　　目録の預金その他一切の金融資産を、遺言
　　　　執行者をして換価処分した後、その換価金
　　　　から遺言者の一切の債務を弁済した残金
　　　　を、次の者にそれぞれの割合で相続させる。
　　　　①妻　山田花子（昭和○年○月○日生）に
　　　　　５分の３
　　　　②長男　山田翔太（昭和○年○月○日生）
　　　　　に５分の１
　　　　③長女　伊藤恵美（昭和○年○月○日生）
　　　　　に５分の１

第２条　遺言者は、第１条を除く全ての財産を妻
　　　　山田花子に相続させる。

第３条　遺言者は、本遺言の遺言執行者として、
　　　　長男山田翔太を指定する。

　　　　　　令和○年○○月○○日
　　　　　　○○県○○市○○町○丁目○○番○○

　　　　　　　遺言者　山田太郎㊞
　　　　　　　昭和○年○月○日生

2 別紙目録（署名部分以外は自書でなくてもよいものとする）

財　産　目　録

普通預金通帳

〇〇銀行
　　□□支店

お名前
　山　田　太　郎　様

　店番123　　　口座番号　4567890

※　　通帳のコピー

山田太郎 ㊞

ケース事例3 封筒の書き方・封印の仕方

※遺言書保管所に自筆証書遺言を保管する場合は、封に入れないこと。

表面

遺言書在中

裏面

※本文で使用した同じ印で封印・押印する。また、本文と同じ日付を書くこと。

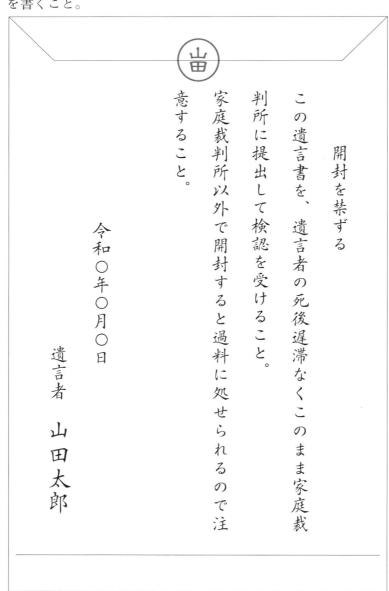

開封を禁ずる

この遺言書を、遺言者の死後遅滞なくこのまま家庭裁判所に提出して検認を受けること。

家庭裁判所以外で開封すると過料に処せられるので注意すること。

令和○年○月○日

遺言者　山田太郎

174

ケース事例4 遺言書を訂正する場合

※書き間違い等で遺言を訂正する場合は、原則その遺言書を破棄して、新たに書き直すこと。

　　　　　　　　遺　言　書

第1条　遺言者は、遺言者所有の下記預金を、遺
　　　言執行者をして換価処分した後、その換価
　　　金から遺言者の一切の債務を弁済した残
　　　金を、次の者にそれぞれの割合で相続させ
　　　る。
　　　①妻　山田花子（昭和○年○月○日生）に
　　　　　5分の3
　　　②長男　山田翔太　（昭和○年○月○日生）
　　　　　に5分の1
　　　③長女　伊藤恵美（昭和○年○月○日生）
　　　　　に5分の1

　　　　　　　　記

（1）日本実業銀行　新宿支店
　　　~~普通~~預金、番号：1234567
　　　貯蓄（山）
（2）ゆうちょ銀行
　　　通常貯金　記号番号　○○○○○-○○○○○○○○

第2条　遺言者は、第1条を除く遺言者所有の
　　　その他全ての財産を、妻山田花子に相続さ
　　　せる。

第3条　遺言者は、本遺言の遺言執行者として、
　　　　遺言者の長男山田翔太を指定する。

　　　　　　令和〇年〇〇月〇〇日
　　　　　　〇〇県〇〇市〇〇町〇丁目〇〇番〇〇

　　　　　　　遺言者　山　田　太　郎　㊞

　　　　　　　昭和〇年〇月〇日生

　　　　　上記第1条中、2字削除2字追加
　　　　　　　　　山　田　太　郎

【付録】ストーリー付
願いをかなえる遺言書・実例10

今までに受けた遺言の相談をモチーフに、ストーリーとともに遺言書のケース事例をご紹介します。遺言書は書く人の人生が反映されます。本人が関わってきた人にどんな思いを持っているのか、どういう思いで何を引き継いでほしいのか、遺言書の文章に表れます。きっと、ご自身がこれから書こうとする遺言書の参考になるはずです。

亡兄の介護をしてくれた兄嫁への
「感謝の証し」として義理の妹が書いた遺言書

相続人以外の人に遺産を残したい場合は遺言書が必要です。

　渡部愛実さん（65歳）は、昨年役所を定年退職しました。愛実さんは独身で子どもはいません。兄弟は、兄が数年前に亡くなり、弟とは折合いが悪くここ20年ほど疎遠です。兄である故・弘之さんの妻・渡部清子さん（67歳）とはすごく仲がよく、毎年旅行に行くほどです。

　清子さんは夫の弘之さんが亡くなるまでの５年間、献身的に介護をしてくれました。そこで愛美さんは、感謝の気持ちを伝えるにはどうしたらよいか考えた末、亡くなったら全財産を清子さんに残すことに決めて遺言書を書きました。

　愛実さんの両親は他界しているので法定相続人は弟と亡兄の３人の子ども（代襲相続人）ですが、兄弟姉妹とその代襲相続人には遺留分がないので、この遺言によって全財産を兄嫁・清子さんに残すことができます。なお、清子さんが自分より先に亡くなってしまうことに備えて、予備的遺言も記載しました。

　愛実さんは書き上げた遺言書を何度も読み返して誤りがないことを確認しました。

　「これでよし！　タイミングを見て清子さんに手渡そう」と清々しい気持ちに包まれました。

■妹が義理の姉に書いた遺言書

遺　言　書

第1条　遺言者 渡部愛実は、全ての財産を亡兄
　　　渡部弘之の妻渡部清子（昭和〇年〇月〇日
　　　生）に遺贈する。

第2条　渡部清子が遺言者の死亡以前に死亡し
　　　たときは、全ての財産を渡部清子の長女加
　　　藤清香（昭和〇年〇月〇日生）に相続させる。

第3条　遺言者は、本遺言の遺言執行者として、
　　　前記の渡部清子と加藤清香を指定する。
　　　なお、両名はそれぞれ単独で本遺言を執行
　　　することができる。

付言
　　清子さんとは長年親しくお付き合いをさせて
もらいました。また、亡兄の介護を献身的に行
ってくれました。清子さんに全ての財産を残す
のはほんの感謝の証しです。どうか受け取って
ください。

　　令和〇年〇月〇日
　　　住所　〇〇県〇〇市〇〇5丁目12番34

　　　氏名　渡部　愛実㊞
　　　昭和〇年〇月〇日生

子どもがいない夫婦の
夫が妻に宛てた遺言書

寿命が延びた現在、子どもよりも親のほうが長生きすることも
考えられますが、親が認知症を発症していると厄介なことになります。

　関根弘さん（49歳）と慶子さん（47歳）夫妻には子どもがいません。弘さんの父親は2年前に亡くなりましたが、母・昭子さん（82歳）は健在です。しかし、昨年から認知症が進行してしまって今では勉さんの顔を見ても「どなた？」と言って、弘さんのことがわからないことが増えてきました。

　「もし、俺が死んでしまったらお袋と慶子が相続人になるのか…。お袋の今の状況では遺産分けの話合いは到底無理だ。話合いをしなくても財産を残せるようにするには、遺言書を残しておかなくてはいけないな」と思い、あれこれと考えたあげく、遺言書を書きました。

　「お袋が亡くなった場合についても書いたから書き直す必要がないな」と、弘さんは内容に満足していました。

　弘さんは遺言書を慶子さんに「ちゃんと書いておいたよ」と言って手渡しました。

　遺言書を読んだ慶子さんは「実は、あなたに遺言を書いてほしいと頼もうとしていたの。これで安心だわ。ありがとう」と言いました。それを聞いた弘さんは、「遺言書を書いてよかった」と心底思えたのでした。

■子どもがいない夫が妻と実母に書いた遺言書

遺 言 書

第1条　遺言者 関根弘は、母関根昭子（昭和○年○月○日生）に金融資産の3分の1を相続させる。

第2条　遺言者は、第1条を除く全ての財産を妻関根慶子（昭和○年○月○日生）に相続させる。

第3条　母関根昭子が遺言者の死亡以前に死亡したときは、遺言者の全ての財産を妻関根慶子に相続させる。

第4条　遺言者は、本遺言の遺言執行者として、妻関根慶子を指定する。

　　　令和○年○月○日
　　　　住所　○○県○○市○○1丁目23番45

　　　　　氏名　関　根　弘　㊞
　　　　　昭和○年○月○日生

先妻との間に子どもがいる男性が
トラブルを避けるために書いた遺言書

先妻との間に子どもがいる場合、遺産分割協議ではなかなかまとまらないことが予想されるので、遺言書があったほうが無難でしょう。

　中西晃さん（60歳）は20年前に妻・忍さん（57歳）と再婚しました。前妻との間には晶子さん（25歳）を、忍さんとの間には真一さん（19歳）をもうけました。

　「自分が死んだら忍と真一、それに晶子が相続人になるのか…。忍と真一は晶子に一度も会ったことはないから話合いで遺産分けをするのはお互いやりにくいに違いない」と思った晃さんは、相続を円満に済ますにはどういった分け方がよいのか考えました。そして、次の遺言を書きました。

　書き上げた遺言書を読み返して、「これで話合いをしなくても済むな。この内容なら『立つ鳥跡を濁さず』で行けそうだ」と満足の笑みを浮かべました。

■離婚経験のある夫が現在の妻子と先妻の子どもに宛てた遺言書

遺　言　書

第1条　遺言者 中西晃は、妻中西忍（昭和○年
　　　○月○日生）に遺言者所有の下記不動産を
　　　相続させる。

記

　（1）土地
　　　所在　　○○県○○市○○2丁目
　　　地番　　1234番56
　　　地目　　宅地
　　　地積　　99．99㎡
　（2）建物
　　　所在　　○○県○○市○○2丁目1234番地56
　　　家屋番号　　1234番56
　　　種類　　居宅
　　　構造　　軽量鉄骨造スレートぶき2階建
　　　床面積　　1階　　66.66㎡
　　　　　　　　2階　　33.33㎡

第2条　遺言者は、全ての金融資産を、遺言執行
　　　者をして換価し、その換価金から遺言者の
　　　一切の債務を弁済した残金を、次の3人
　　　に次のとおり相続させる。
　　　　①妻 中西忍に3分の1
　　　　②長男 中西真一（平成○年○月○日生）
　　　　に3分の1

③長女　上山晶子（平成〇年〇月〇日生）
　　　に３分の１

第３条　遺言者は、第１条及び第２条を除く遺
　　　言者所有のその他全ての財産を、妻忍に相
　　　続させる。

第４条　遺言者は、本遺言の遺言執行者として、
　　　妻忍と長男真一を指定する。なお、両名は
　　　それぞれ単独で本遺言を執行することがで
　　　きる。

付言
　　私は、この遺言を熟考の末に書き上げまし
　た。私の死後、速やかにこの遺言の内容が実現
　することを願います。
　　皆の幸せを心から祈ります。末永くお元気で。

令和〇年〇月〇日
　住所　〇〇県〇〇市〇〇〇２丁目 1234 番地 56

　　　　氏名　中　西　晃㊞
　　　　昭和〇年〇月〇日生

Case4

長女を先に亡くした女性が長男と亡くなった長女の子どもに残した遺言書

高齢の女性が、同居の長男家族と亡くなった長女の子ども (孫) にも
遺産を分けるために遺言書を残したケースです。

小谷たか子さん（92歳）は長男・省吾さん（68歳）の家族と自己所有の2世帯住宅で同居しています。夫はすでに他界していて、20年前に長女・井上里美さんを病気で亡くしました（享年42歳）。里美さんには2人の息子がいます。

たか子さんは「ずいぶん長生きしたし、死んだあとにすっきり財産を残すことを考えないとね」と思いました。

「相続人は省吾と孫の健太と健次の3人ね。孫は現金がありがたいはずだし、この家も含めて全部、省吾に残すのがいいでしょう。それからお墓も省吾に引き継いでもらいましょう」と、その内容を遺言書に残すことにしました。

書き上げた遺言書を見て、たか子さんは「この内容だったらみんな満足でしょう」と確信し、明日に省吾さんに遺言書を託すことにしました。

遺　言　書

第1条　遺言者　小谷たか子は、長男 小谷省吾
　　　（昭和○年○月○日生）に遺言者所有の下
　　　記不動産を相続させる。

記

　（1）土地
　　　所在　　○○県○○市○○○2丁目
　　　地番　　1234番56
　　　地目　　宅地
　　　地積　　123．45㎡
　（2）建物
　　　所在　　○○県○○市○○○2丁目1234番地56
　　　家屋番号　　1234番56
　　　種類　　居宅
　　　構造　　軽量鉄骨造スレートぶき2階建
　　　床面積　　1階　　88.88㎡
　　　　　　　　2階　　55.55㎡

第2条　遺言者は、遺言者所有の現金・預貯金か
　　　ら、次の者にそれぞれの金額を相続させる。
　　　　　①孫 井上健太（昭和○年○月○日生）
　　　　　　に金200万円
　　　　　②孫 井上健次（昭和○年○月○日生）
　　　　　　に金200万円

第3条　遺言者は、第1条及び第2条を除く、遺言者所有のその他全ての財産を長男 小谷省吾に相続させる。

第4条　遺言者は、祖先の祭祀を主宰すべき者として、長男小谷省吾を指定する。

第5条　遺言者は、本遺言の遺言執行者として、長男 小谷省吾と省吾の妻 小谷好子（昭和〇年〇月〇日生）を指定する。なお、両名はそれぞれ単独で本遺言を執行することができる。

第6条　遺言者は、長男小谷省吾が遺言者より以前に死亡した場合は、長男小谷省吾に相続させるとした全ての財産及び祭祀主宰者の地位を、省吾の妻小谷好子に遺贈し承継させる。

　令和〇年〇月〇日
　住所　〇〇県〇〇市〇〇2丁目1234番56

　　　氏名　小谷　たか子 ㊞
　　　　昭和〇年〇月〇日生

シングルマザーの次女を案じて
母が書いた遺言書

法定相続人の中から特定の1人に全財産を残したい場合は遺言書を書いておくことが大切です。

　田村由美さん（78歳）は、昨年夫を亡くしました。夫の相続では2人の娘は「お母さんが全部相続していいよ」と言ってくれたので由美さんが全財産を相続しました。

　長女の由香さん（48歳）は、大学を卒業して就職した大手商社で知り合った男性と結婚して今は専業主婦です。2人の子どもにも恵まれ夫の収入で十分暮らしていけます。

　一方、次女の涼子さん（43歳）は、5年前に離婚して小学生のひとり息子を養いながら働いています。正直なところ生活は厳しい状況です。

　そこで、由美さんは、自分が死んだあとには夫から相続した自宅を含めた全財産を涼子さんに残してあげたいと思うようになりました。そのことを由香さんに相談すると「涼子は大変なはずだからそうしてあげて。これから教育費もかかってくるし、それに家賃も払わなくて済むし助かると思うわ。私のことは気にしないで」と言ってくれました。由美さんはその言葉を聞いて安心して遺言書を書くことができました。

　書いた遺言書を見直して、「これで涼子も少しは楽になるでしょう。由香も内容を承諾してくれたし遺留分を請求することもないだろうから安心だわ。それにお墓の引継ぎのことも書いておいたし」とほっとしたのでした。

■母が次女に全財産を残すために書いた遺言書

遺　言　書

第1条　遺言者　田村由美は、二女田村涼子（昭和
　　　○年○月○日生）に遺言者所有の全ての財産
　　　を相続させる。

第2条　遺言者は、祖先の祭祀を主宰すべき者とし
　　　て、長女太田由香（昭和○年○月○日生）を
　　　指定する。

第3条　遺言者は、本遺言の遺言執行者として、長
　　　女太田由香と二女田村涼子を指定する。な
　　　お、両名は単独で遺言を執行することができる。

付　言
　　涼子に全ての財産を残すことを由香に相談した
ところ、由香は快諾してくれました。由香に感謝
します。
　　二人の娘に恵まれて、幸せな人生を送れまし
た。私が亡くなった後も、今まで通り、姉妹仲良
く協力しながら末永く元気に暮らしてください。
それが母の一番の願いです。

　　　　令和○年○月○日
　　　　住所　○○県○○市○○2丁目12番34

　　　　氏名　田村　由美⑩
　　　　昭和○年○月○日生

親が円満な家族関係を 維持するために書いた遺言書

仲がよい家族でも相続をきっかけに険悪な関係になることもあります。
遺言書があればこれを避けられる可能性が高まります。

　高橋秀樹さん（78歳）は、妻・章子さん（76歳）、長女・麻由美さん（43歳）、長男・優一さん（40歳）の4人家族です。子どもは2人とも結婚して、それぞれ2人の子どもにも恵まれました。

　秀樹さんは、お隣の山川さんの家族が相続でモメていることを耳にしました。「仲のよい家族だったのに、相続がきっかけでバラバラになってしまうなんて残念だな。わが家はそういうことはないと思うけど、自分の相続を見届けることはできないし…」と、自分の相続について考えるようになりました。

　そこで、今年の正月に家族が集まった席で、「私が死んだあとに母さんが困らないように、この家と生活に困らない程度のお金を残したいと思っている。ささやかだけどお前たちにも財産を残したいと思うけどどうだろう」と、思い切って話してみました。

　章子さんと子ども2人は突然の話に驚きましたが、「父さんに任せる」と言ってくれました。そして、口約束では心もとないので遺言書を残すことにしました。

　遺言を書き上げた秀樹さんは「名前も戸籍のとおりに書いて実印で押印もしたし、これで大丈夫！　来月の孫の誕生日会でみんなと会うから、そこで公開して優一に渡すようにしよう」と思いほっとしたのでした。

■家族円満が続くことを願って夫が書いた遺言書

遺　言　書

第1条　遺言者　髙橋秀樹は、全ての金融資産を、遺言執行者をして換価し、その換価金から遺言者の一切の債務を弁済した残金を、次の3人に次のとおり相続させる。
　　　①妻　　髙橋　章子（昭和○年○月○日生）に6分の4
　　　②長男　髙橋　優一（昭和○年○月○日生）に6分の1
　　　③長女　武田麻由美（昭和○年○月○日生）に6分の1

第2条　遺言者は、第1条を除くその他全ての財産を、妻髙橋章子に相続させる。

第3条　遺言者は、祖先の祭祀を主宰すべき者として、長男髙橋優一を指定する。

第4条　遺言者は、本遺言の遺言執行者として、長男髙橋優一と長女武田麻由美を指定する。なお、両名はそれぞれ単独で本遺言を執行することができる。

付　言
　　章子、優一、麻由美へ
　　これまで幾歳月の余生を送ることができたの

も、みんなのお陰だと心から感謝しています。
　私がこの世を去った後も、今まで同様に家族仲良く元気に過ごしてください。これが父の心からの願いです。今まで本当にありがとう。

　　令和〇年〇月〇日
　　住所　〇〇県〇〇市〇〇１丁目23番45

　　氏名　髙橋　秀樹㊞
　　　　　昭和〇年〇月〇日生

Case 7

親が子どもの教育費格差を
埋めるために書いた遺言書

法定相続人の2人の子どものうち、次女のほうに全財産を
残したい場合は、遺言書を書いておいたほうがよいでしょう。

　林田修さん（72歳）は、長女・真理恵さん（40歳）と次女・千里
さん（38歳）の2人の子どもがいます。妻とは10年前に熟年離婚を
して今では1人暮らしをしています。修さんは5年前からパーキン
ソン病を患い昨年から介護が必要になりました。

　千里さんは車で1時間ほどかかる所に住んでいますが、育児の合
間を縫って病院の送り迎えや介護の手配などしてくれています。真
理恵さんは大学卒業後アメリカに留学してそのまま銀行に就職。勤
務先で知り合ったアメリカ人と結婚してニューヨークに住んでお
り、結婚後も仕事を続けています。

　修さんは「真理恵には留学までさせたけど千里には短大までで教
育費もかなり違ったし、今では千里に負担をかけてしまっている。
今までのことを考えれば全財産を千里に残しても問題ないだろう。
それに、最近、手の震えも出はじめてきたから、早めに残すものは
残しておかないと」と思い、遺言書を残す決意をしました。

　手は少し震えましたが、何とか読める字で書き上げることができ
ました。
　「自分で持っていてもしょうがないしな。明日、千里が来たら手
渡そう」と修さんは遺言書を丁寧に折りたたみました。

■父親が次女に全財産を残すために書いた遺言書

遺　言　書

第１条　遺言者　林田修は、二女小原千里（昭和
　　　○年○月○日生）に遺言者所有の全ての財
　　　産を相続させる。

第２条　遺言者は、祖先の祭祀を主宰すべき者と
　　　して、二女小原千里を指定する。

第３条　遺言者は、本遺言の遺言執行者として、
　　　二女小原千里を指定する。

付　言
　　真理恵と千里は教育費でかなり差がありま
す。また、千里には私の介護で負担をかけてし
まっています。それに真理恵はニューヨークで
活躍していると聞いています。以上の理由から
千里に全財産を残すことにしました。真理恵に
は千里に対して遺留分侵害額の請求を控えて
ほしいと願っています。
　　二人の娘に恵まれて幸せな人生でした。パパ
は亡くなっても子どもたち２人の幸せを天国か
ら祈っています。

　　　令和○年○月○日
　　　　住所　○○県○○市○○３丁目12番34

　　　　氏名　林田　修㊞
　　　　昭和○年○月○日生

Case 8
事実婚のパートナーに
財産を残すために書いた遺言書

事実婚のパートナーは法定相続人ではないので、遺言書を
書いておかないと遺産を残すことができません。

　牧陽子さん（43歳）と片岡礼二さん（44歳）は、夫婦同姓に抵抗があり、2人で話し合った結果、事実婚を選択して8年前から同居しています。

　昨年、礼二さんは交通事故に遭ってしまいました。礼二さんは「陽子とは事実婚だから相続人ではないんだよな。さいわい軽症で済んだけど、万一のときは陽子に財産を残せるようにしておかないといけないな」と思いまいした。

　そこで、陽子さんにその考えを伝えると、「実は、私も考えていたの。夫婦と同じ生活をしていても法律上はお互いに相続人ではないのよね。遺言書を残して交わしておきましょうよ。でも、1枚の用紙に2人で書くと法律的にアウトのようだから、それぞれ別々に書きましょう」と賛同してくれました。そして、お互いに遺言書を書きました。

　書き上げた遺言書をお互い交換して陽子さんは、「これで安心ね。でも、この遺言書の内容が現実になるのはまだまだ先だからね」と、礼二さんに言いました。

　礼二さんは「もちろんだよ。これからもよろしくね」と答えました。遺言書を残したことで、2人はお互いの絆をさらに強く感じることができました。

遺　言　書

第1条　遺言者 牧陽子は、片岡礼二（昭和○年
　　　○月○日生）に遺言者所有の全ての財産を
　　　遺贈する。

第2条　遺言者は、本遺言の遺言執行者として、
　　　片岡礼二を指定する。

付　言
　　私と片岡礼二は、婚姻届を出していません
　が、お互いに掛け替えのないパートナーとして
　認め合っています。
　　だからこの遺言書を残しました。もし、私が
　亡くなったらこの遺言の内容が速やかに実現す
　ることを願います。

　　　令和○年○月○日
　　　　住所　○○県○○市○○4丁目32番11

　　　　　氏名　牧　陽子㊞
　　　　　昭和○年○月○日生

■事実婚のパートナーがお互いに宛てた遺言書・その2

遺　言　書

第1条　遺言者 片岡礼二は、牧陽子（昭和〇年
　　　〇月〇日生）に遺言者所有の全ての財産を
　　　遺贈する。

第2条　遺言者は、本遺言の遺言執行者に牧陽
　　　子を指定する。

付　言
　　私と陽子はお互いに話し合った上で事実婚
を選択しました。私たちはお互いを終生のパー
トナーとして認め合い生活を共にしています。
いつか私がこの世から去る時が来たら、この遺
言書の内容が実現することを心から願います。

　　令和〇年〇月〇日
　　　住所　〇〇県〇〇市〇〇〇4丁目32番11

　　　　氏名　片岡　礼二㊞
　　　　昭和〇年〇月〇日生

妻に不貞をされた夫が
がんをきっかけに書いた遺言書

浮気した妻が離婚を承諾しないまま、自身が体調を崩すようなケースも
考えられます。遺言書がないと妻にも遺産がいってしまいます。

　広田順さん（72歳）の妻・良子さん（62歳）は、3年前に大学の
ゼミの同窓会で再会した男性と不倫関係に陥って、家を出てしまい
ました。順さんは良子さんと離婚を決意しましたが、良子さんは了
解せず話合いは平行線のままでした。

　そんなとき、順さんは体の不調を訴え、病院で検査をすると初期
の大腸がんでした。さいわい摘出手術は成功しましたがその後、体
調はなかなか元に戻りませんでした。

　そんな順さんを見兼ねて、次女・大川桃子さん（38歳）が仕事の
合間を縫って実家に通い、生活をサポートしてくれました。実は順
さんは、長女の祥子さん（43歳）とは結婚に反対したことがきっか
けで絶縁状態になって、10年以上まったく音信不通なのです。

　順さんは、「もし今死んだら、良子に半分、残りの半分を祥子と
桃子が分け合うことになるのか…。良子に財産を残すなどあり得な
い！　それに祥子には大学院まで行かせたのに桃子には高校までで
教育費も相当違うし、今の関係性からすれば、祥子にも残すことは
考えられない。遺言書を残さなくては死んでも死にきれないな」と
思い、さっそく行動に移しました。

　書き上げた遺言書を読み返して順さんは、「良子と祥子には遺留分
という権利があるけれど、今の状況で2人に財産を残す気持ちには
到底なれない。これでいいのだ」と、自分に言い聞かせたのでした。

■不貞の妻に遺産がいかないように夫が残した遺言書

遺　言　書

第１条　遺言者　広田順は、二女 大川桃子（昭
　　　　和○年○月○日生）に遺言者所有の全ての
　　　　財産を相続させる。

第２条　遺言者は、二女 大川桃子が遺言者より
　　　　以前に死亡した場合は、全ての財産を二女
　　　　大川桃子の長男 大川真之介（平成○年○
　　　　月○日生）に相続させる。

第３条　遺言者は、祖先の祭祀を主宰すべき者と
　　　　して、二女 大川桃子を指定する。
　　　２．遺言者は、二女 大川桃子が遺言者より
　　　　以前に死亡した場合は、祖先の祭祀を主
　　　　宰すべき者として、孫 大川真之介を指定
　　　　する。

第３条　遺言者は、本遺言の遺言執行者として、
　　　　二女 大川桃子と二女 大川桃子の夫 大川
　　　　真太郎（昭和○年○月○日生）を指定す
　　　　る。なお、両名はそれぞれ単独で遺言を執
　　　　行できる。

付　言
　　１．妻良子とは、別居が長年続いており、婚姻
　　　　関係は既に破綻している。良子も自分の行

いを顧みれば私の遺産をもらえる立場では
　　ないことは理解できるはずだ。

2．祥子には大学院まで援助した。一方、桃子
　　には高校卒業までしか援助していない。し
　　かも、桃子は私が心身ともに厳しい状況に
　　置かれているときに、忙しい中、助けてく
　　れた。

以上が、全財産を桃子に相続させる理由である。

　　このことは、私が考えに考えた末の結論であ
る。どうか私の気持を尊重して、良子と祥子は
遺留分侵害額の請求は控えて欲しい。私の死
後、この遺言書の内容が速やかに実現すること
を切に願う。

　　令和○年○月○日
　　　住所　　○○県○○市○○2丁目12番34

　　　　氏名　広田　順⑪
　　　　昭和○年○月○日生

Case 10

相続で長男とモメてしまった
母親が遺留分を考慮して書いた遺言書

結婚して相手ができると、実の子どもでも考えが変わってしまうことがあります。遺留分に気を付けながら片方の子どもに多く残す場合の遺言書です。

　小杉幸枝さん（63歳）は、3年前の夫・浩司さん（享年73歳）の相続で長男・浩一さん（31歳）とモメてしまいました。浩一さんは親孝行でしたが結婚してから人が変わってしまって、夫の相続では「自宅以外は全部俺によこせ！」の一点張りで、結局、家庭裁判所の審判までもつれ込んでしまったのでした。

　「私の相続でも、きっと浩一は久美（長女・34歳）に無理難題を言ってくるに違いない」と確信した幸枝さんは、久美さんに多く財産を残すために遺言書を残すことにしました。

　書き上げた遺言書を見て、「本当なら浩一には財産を残したくないのだけど、そうすると久美が遺留分侵害額を請求されて困るかもしれない。多少残すのは仕方ないわね」と自分を納得させて封に入れたのでした。

■長男より長女に多く遺産を残すために母親が書いた遺言書

遺　言　書

第1条　遺言者 小杉幸枝は、全ての金融資産を、遺言執行者をして換価し、その換価金から遺言者の一切の債務を弁済した残金の3分の1を、長男小杉浩一（昭和〇年〇月〇日生）に相続させる

第2条　遺言者は、第1条を除く全ての財産を、長女大川久美（昭和〇年〇月〇日生）に相続させる。

第3条　遺言者は、祖先の祭祀を主宰すべき者として、長女大川久美を指定する。

第4条　遺言者は、本遺言の遺言執行者として、長女大川久美を指定する。

付　言
　　私は、この遺言書を十分に考えた末に書きました。浩一と久美は私の思いを尊重してください。
　　私の死後、この遺言書の内容が速やかに実現することを心から願います。

　　　令和〇年〇月〇日
　　　住所　〇〇県〇〇市〇〇6丁目54番32

　　　　氏名　小杉　幸枝　㊞
　　　　昭和〇年〇月〇日生

人生は死後の整理が終わって完結する
──遺言書が普及しにくい「2つの壁」を［穴埋め式］で打ち破る

「はじめに」でも触れたように、私は2001年に「遺言の普及と速やかな相続手続の実現」をコンセプトに行政書士を開業しました。

開業以来、日常の相談業務にくわえ、セミナーや出版、「Yahoo!ニュース」への記事の寄稿などを通じて遺言の普及に努めてまいりました。

しかし、これらの活動を通してわかったことは、「遺言書を残そう」と思ってはいるけど、「残す」までたどり着くことができない方がほとんどだということでした。結局、「遺言書が普及している」とは言い難い状況は、現状では変わっていません。

私は、遺言書の普及が進まない理由として、「2つの壁」があると考えています。

まず、遺言書は「死」を連想させるという「心理面の壁」です。

誰しも死は避けたいことでしょう。その死を前提として遺言書を残すのですから、残すことにためらうのも致し方ないと思います。

しかし、人は致死率100パーセントです。この世に生まれたからには、すべての人に必ず死は訪れます。私は法的側面から「心理面の壁」を低くするためのお手伝いをすることはできますが、最後はお一人お一人で乗り越えていくしかないと思っています。

もう一つの壁は、実際に遺言書を書こうと思っても、想像以上に

難しいという「法律の壁」です。

　実は、私は自分の遺言書を書いて、遺言書保管法がスタートした初日の2020（令和2）年7月10日に遺言書保管所に預けました。

　実際に遺言書を書いてみると3回書き直してやっと書き上げることができました。仕事としてではなく、プライベートで遺言書を書いた経験をしたことで、遺言書を書き上げることは思った以上に難しいことを実感しました（その時の模様は、「Yahoo! ニュース」の『潜入ルポ「遺言書保管法」〜7月10日午前9時　日本一早く、法務局に「遺言書」の保管を申請してきた』でご覧いただけます）。

　つまり、いざ書こうとすると、「自分に合った内容は本当にこれでよいのか？」「こういった内容を残すにはどう表現するのが一番よいのか？」といった疑問が頭に浮かんできたのです。つまり、「法律の壁」が目の前に立ちふさがったのです。

　法律職の私がそうなのだから、一般の方もそうであるに違いないと確信した私は、どうしたら「法律の壁」を乗り越えることができるのか思案に暮れました。

　「法律の壁」を乗り越えるには、自分の希望に合った内容の遺言書を「簡単」に書き上げることが条件になります。そこで、たどり着いたのが本書でご紹介した事例ごとの「穴埋め式」という方法です。

　本書でご自身に合った事例を見つけて、「きちんとした遺言書」を完成させるお手伝いができたら、この本の、つまり私の目的は達成されたことになります。目的が達成できたかどうかは読者のみなさまのご判断にゆだねたいと思います。

　仕事を通じて強く感じるのは、人生は死をもって終わるのではなく、「死後の整理が終わって完結する」ということです。もし本書を読んで、遺言書を「残そう」というお気持ちになったなら、与えられた人生を悔いなく全うするためにも、「きちんとした遺言書」を残すことをお勧めします。

　本書の出版にあたっては、2012年に出版した『親に気持ちよく遺言書を準備してもらう本』に続き、日本実業出版社編集部に辛抱強くお付き合いいただきました。ここに厚くお礼を申し上げます。

著者

竹内　豊（たけうち　ゆたか）
竹内行政書士事務所代表。1965年、東京生まれ。中央大学法学部卒業後、西武百貨店勤務を経て2001年に行政書士登録。「遺言の普及とすみやかな相続手続の実現」をコンセプトに遺言作成と相続手続きを専門に従事している。2017年、LINEヤフー株式会社から「Yahoo! ニュースエキスパート」に認定され、「家族法で人生を乗り切る」をテーマに遺言・相続関連の記事を多数発信。主要寄稿先は「週刊現代」「週刊ポスト」「婦人公論」ほか、文化放送「斉藤一美ニュースワイド」、ABCラジオ「おはようパーソナリティ道上洋三です」等に出演。主要講演は東京都行政書士会、日本生命、朝日新聞出版ほか多数。
著書に『親に気持ちよく遺言書を準備してもらう本』（日本実業出版社）、『行政書士合格者のための開業準備実践講座』『行政書士のための遺言・相続実務家養成講座』『そうだったのか！行政書士』（以上、税務経理協会）など。

質問に答えるだけで完成する
［穴埋め式］遺言書かんたん作成術

2024年3月20日　初版発行

著　者　竹内　豊 ©Y.Takeuchi 2024
発行者　杉本淳一

発行所　株式会社日本実業出版社　東京都新宿区市谷本村町3−29 〒162-0845

編集部　☎03-3268-5651　　振　替　00170−1−25349
営業部　☎03-3268-5161　　https://www.njg.co.jp/

印　刷／木元省美堂　　製　本／共栄社

ISBN 978-4-534-06090-7　Printed in JAPAN

財産は？　お葬式は？　認知症になったら？
ふと、終活のことを考えたら最初に読む本

加藤光敏　著
定価 1650円（税込）

誰もがふとした瞬間に考える「終活」のこと。本書で、人生の終わりに起こりそうな問題を把握し、その解決方法を知って事前に準備すれば、不安が解消し今後の人生を晴れやかな気持ちで過ごせます。

お金・仕事・生活…知らないとこわい
定年後夫婦のリアル

大江英樹／
大江加代　著
定価 1540円（税込）

夫婦ともに元証券会社勤務した後、経済コラムニスト、確定拠出年金アナリストとして活躍する2人が、お金、仕事、生活、夫婦間のコミュニケーションなどアフター60歳の真実と対策をズバリ解説。

「人生の問題」が解決する64の法則
人を導く最強の教え『易経』

小椋浩一　著
定価 1980円（税込）

稲盛和夫、野村克也、栗山英樹…、ブレないリーダーたちが愛読する『易経』。「変化の書」である『易経』のエッセンスをわかりやすくかみ砕き、「いかに生きるか」の問いに答えてくれる1冊。

新版　幸運を招く陰陽五行

稲田義行　著
定価 1540円（税込）

大好評ロングセラー待望の新版化。新しく「陰陽五行と星の関係」「陰陽五行による1年の運気判断」を章として加え、陰陽五行に興味を持っている人や、占い・風水の基礎理論を知りたい人におすすめの入門書。

定価変更の場合はご了承ください。